理工科大学生
创新创业教育实务手册

LIGONGKE DAXUESHENG CHUANGXINCHUAGNYE JIAOYU SHIWUSHOUCE

主 编 徐 岩 汪利辉

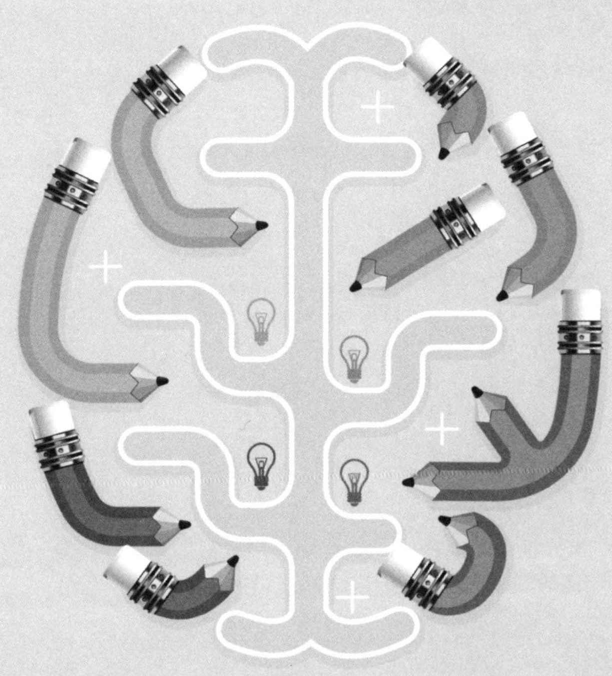

山东人民出版社
国家一级出版社 全国百佳图书出版单位

编委会

主　编　徐　岩　汪利辉

副主编　张　琦　马琳慧　秦艳芳

编　委　张铱晗　肖　烁　李忠阳　马珊珊　杨晓玲
刘喜玲　高龙政　张远芳　李　阳　周　勇
路　超

序 言

自20世纪以来，世界各国对创新创业教育的重视程度越来越高，联合国教科文组织也将创新创业教育提高到与学术性教育和职业性教育同等重要的地位。随着时间的推移，国家、地区以及企业之间的竞争更加聚焦在创新教育的水平上。2010年教育部颁布的《国家中长期教育改革和发展规划纲要（2010—2020年）》，更是明确提出了要把推进创新创业教育作为今后高校提升人才培养质量的一项重要举措。

在党的十八届五中全会确立的创新、协调、绿色、开放、共享五大发展理念中，创新发展居首位。2015年5月27日，习近平总书记在浙江召开华东七省市党委主要负责同志座谈会，听取对"十三五"时期经济社会发展的意见和建议时指出："综合国力竞争说到底是创新的竞争……要加快形成以创新为主要引领和支撑的经济体系和发展模式。"在高校开展创新创业教育并不是为少数已有创业基础的人提供服务，而是为了培养所有大学生的创新意识和创业能力。然而，现代经济社会的发展，不仅依赖于人才创新意识的培养，更依赖于科技创新能力的提升。在这方面，理工科类高等院校对创新人才的培养就显得尤为重要。因此，探索与我国经济发展相适应、与我国理工科大学生群体相适应的创新创业教育模式意义重大。本书针对理工科大学生创新创业教育中的基础性、指导性、战略性问题展开研究，回答了理工科大学生创新创业教育理论与实践的一系列问题。

本书分为三篇，分别是上篇基础篇、中篇探索篇和下篇实践篇。全书围绕知识经济时代与创新创业教育的时代背景、理工科大学生创新创业教育的发展历程、理工科大学创新创业教育的工作探索、理工科大学生创新创业的典型案例分析等展开。得出以下结论：第一，以创新创业教育课堂教学为基础的第一课堂是创新创业教育的根本，结合国内外创新创业课程教学的发展现状，探究依托课程教学做好理工科大学生创新创业教育的途径，并强调创新创业导师团队的指导作用。第二，开拓以学生社团为载体、以科研项目为抓手、以科技竞赛为引导的传统创新教育实践的第二课堂，推动创新创业教育的实践拓展。同时，对电子科技大学电子工程学院近年来大学生创新创业的典型案例进行剖析，从一个侧面展现了理工科大学开展创新创业教育的情况。本书的编写力求简单易懂，希望能够回答理工科大学生创新创业教育理论的疑问，提供理工科大学生创新创业教育的实践指南，助推理工科大学生创新创业教育理论与实践的进一步发展。本书适合理工科大学创新创业课教师及创新创业指导老师等阅读，也适合理工科大学具有创新创业热情和创业潜质的大学生阅读。

本书是电子科技大学研究生管理工作研究重点课题“研究生创新创业及科研成果转化研究”（项目编号：YJSKT201501002）的研究成果，受到2016年度教育部人文社会科学研究（高校思想政治工作）专项任务项目支持（项目编号：16JDSZ2025）。电子工程学院樊勇教授、李会勇教授、吕明教授在研究中给予了大力支持和指导。本书在编写过程中，四川中电昆辰科技公司CEO朱晓章、成都可视乐科技有限公司总经理王希、成都恒高科技有限公司总经理杨伟航、深圳蓝胖子机器人有限公司（DoraBot）创始人张浩、中电卓景智能科技有限公司创始人王炳文、北京驿路科技有限公司CEO王君龙、“卓立教育网”创始人罗雪、黑盒子电子技术有限公司总经理施友岚、成都卓拙科技有限公司CEO刘金松等多名创新创业成功人士提供了宝贵的经验和翔实的案例资料，在此表示衷心的感谢！另外，本书的出版也得到了山东人民出版社的大力支持，在此一并表示感谢！

由于编者的水平有限，书中难免存在疏漏，真诚地欢迎广大读者朋友批评、斧正。

目 录

附　录

上　篇

基础篇

第一章
知识经济时代与创新创业教育

20 世纪 90 年代以后，人类社会进入知识经济时代。随着时代的不断发展，全球经济格局也发生了变化。知识经济是以不断的知识创新为主要基础发展起来的，它依靠新的发明、发现、研究和创新，是一种知识密集型和智慧型的经济，其核心在于创新。因此，要想在世界经济市场站稳脚跟，就需要掌握最基本的生存能力——创新。[1] 党的十八大以来，我国一直强调要将创新作为引领发展的第一动力，坚持创新发展。这是分析近代以来世界发展历程特别是总结我国改革开放成功实践得出的结论，是应对发展环境变化、增强发展动力、把握发展主动权、更好地引领新常态的根本之策。2014 年 8 月 18 日，习近平同志在中央财经领导小组第七次会议上的讲话中指出："纵观人类发展历史，创新始终是推动一个国家、一个民族向前发展的重要力量，也是推动整个人类社会向前发展的重要力量。创新是多方面的，包括理论创新、体制创新、制度创新、人才创新等，但科技创新的地位和作用十分显要。""抓住了创新，就抓住了牵动经济社会发展全局的'牛鼻子'。"[2]

创新离不开参与知识经济当中的创新型人才，而创新型人才的培养离不开教育，归根结底，做好创新创业教育才是立足于知识经济社会的重要因素。为全面提高国民的创新意识和创业能力，首先要大力实施创新创业教育，培养大学生的创新精神和创业能力。培养出具备知识创新能力和科技创新能力的高素

[1] 李长松：《大学生创新思维导论》，东北林业大学出版社，2001 年。

[2] 中共中央宣传部:《习近平总书记系列重要讲话读本(2016年版)》,学习出版社、人民出版社,2016年,第 133 页。

质人才，进而提升整个民族的创新创业能力。只有这样，中国才能在当今综合国力竞争激烈、科技发展迅速的时代占据一席之地。

第一节　知识经济对创新人才的需要

美国未来学家约翰·奈斯比特（John Naisbitt）最早提出了“信息经济”的概念，他认为，未来的经济是以信息为基础、全面推动社会经济发展的信息经济时代。中国信息通信研究院发布的《2015 中国信息经济研究报告》显示，2014 年，我国信息经济总量达到 16.2 万亿元，占 GDP 的比重为 26.1%，较 2002 年增加了 15.8 个百分点，可见中国信息经济发展之迅速、增长之迅猛。1983 年，美国加州大学教授保罗·罗默（P. M. Romer）提出了“新经济增长理论”，认为知识是一个重要的生产要素，它可以提高投资的收益。这一理论的提出，标志着知识经济在理论上的初步形成。但是，知识经济成为一种经济产业形态，其主要标志是以美国微软公司为代表的软件知识产业的兴起。英国学者汤姆·福莱斯特（Tom Forester）在 1986 年首次提出“高技术经济”一词，高技术是实现科技产品的重要手段，其具备的高投入、高智力、高效益等特点，使科学发明、科学设计等得以实现。

笔者认为，“信息经济”和“高技术经济”的融合和延伸构成了知识经济的含义。它是以知识为基础的经济，其中知识主要指高技术知识和科技管理知识，而信息技术方面的知识发挥了主要作用。知识经济时代，基本的生产要素是以高新科学技术为主要内容的知识，基础设施是电子通道，核心是以智能为代表的人力资本。在知识经济时代，利用先进知识生产的产品在国民经济中占有日益重要的比重，以知识为基础的技术进步对经济增长的贡献愈来愈大，人类的生活和消费方式日益走向知识化和智能化。

一、知识经济时代的特征

知识经济时代与先前的工业经济时代相比，是一个全新的时代，有着较为明显的特征：

第一，知识资源是知识经济时代的重要生产要素。它依赖于不断更新的知识资源，降低了对能源、原材料等的依赖，其无限性和可再生性使得知识资源取之不尽、用之不竭，这一鲜明的特点使得它与其他经济形式大不相同。

第二，高技术产业是知识经济时代的支柱。信息和网络技术的发展使产业走向了信息化、智能化，同时也推动了经济走向全球化。

第三，知识和技术创新是知识经济时代的灵魂。为了更好地应对高科技发展的变化趋势，创新意识和创新能力成为核心，形成了立足于知识创新和技术创新的支柱性产业。

由上述知识经济时代的特征可以看出，在知识经济时代，经济发展所需要的基本条件发生了变化，国家需要较高的知识水平和创新能力才能够全面发展自身的经济，社会发展也随之出现了许多根本性的转变，而创新将是这一时代的主旋律。创新是一个民族进步的灵魂，一个没有创新能力的民族，难以立足于世界民族之林。面对日新月异的科学技术，各国都开始重视创新，实施面向21世纪的发展战略，力争在激烈的竞争中始终立于时代前列。由此可见，创新是21世纪的必然选择。

知识的本质就是创新，没有人的创新活动，就不可能实现知识的再生产。人才是创新的本源，一个国家的创新能力是由一批批具有高素质的创新型人才决定的。许多国家将“发展知识经济，提高人力素质”作为国家的基本政策，认为拥有高素质人才是一个国家永葆生机的法宝。在知识经济时代，人才是决定竞争成败的关键因素。为了跟上世界科技发展的步伐，我们需要培养一批又一批优秀的人才中坚力量。年轻的一代，需要树立科学精神，刻苦钻研，培养创新意识和创新能力，为国家的繁荣和进步奉献自己的力量。

二、知识经济时代下的创新人才

2006年召开的第四次全国科学技术大会最先提出了建设“创新型国家”的概念，随后全国再次掀起创新的热潮。2014年9月，李克强总理在夏季达沃斯论坛上，发出要在960万平方公里土地上掀起“大众创业、草根创业”浪潮的号召。2015年，李克强总理在政府工作报告中提出：推动大众创业、万众创新，“既可以扩大就业、增加居民收入，又有利于促进社会纵向流动和公平正义。……让人们在创造财富的过程中，更好地实现精神追求和自身价值”[1]。自

---

[1]　《政府工作报告起草组成员解读“大众创业万众创新”》，《中国青年报》，2015年3月6日，http://www.ce.cn/xwzx/gnsz/gdxw/201503/06/t20150306_4740363.shtml。

此，创新创业的浪潮席卷华夏大地。

当代中国进入了全面建成小康社会的关键时期和深化改革开放、加快转变经济发展方式的攻坚时期。十八大报告明确提出："科技创新是提高社会生产力和综合国力的战略支撑，必须摆在国家发展全局的核心位置。"报告还指出，深化科技体制改革，加快建设国家创新体系，着力构建以企业为主体、市场为导向、产学研相结合的技术创新体系。创新型国家创新综合指数要明显高于其他国家，对创新型人才的要求也更高。创新人才需要具备扎实的基础、宽广的知识面，才能了解现有的事物和将要进行改变的事物。创新人才还需要具备刻苦精神，才能够在大量的艰苦工作中坚持下来，从而实现创新。创新思维也是创新人才必备的要素，具有创新思维才能够打破成规、善于联想，看到别人看不到的一面，从而实现创新。为了更好地建设创新型国家，创新人才的培养必不可少，科技、教育、人才这三个方面的发展要紧密结合，这对高等院校培养创新人才提出了更高、更现实的要求。

高等院校要有针对性地开展创新创业教育，采用多种多样的形式，如创新创业课程、创新创业活动等，同时提供各类支持，如场地、资金等，培养和扶持创新创业人才。

第二节 知识经济要求创新创业教育

创新是每个人都具备的一种潜能，但是这种潜能不是自然而然表现出来的，需要进行专门的教育和开发才能体现出来。一个国家能否涌现大量的高素质创新型人才，取决于能否做好创新创业教育。正是因为对此有了正确的认识，世界各国开始对如何进行创新创业教育给予高度重视，纷纷制定了创新创业教育战略，对传统教育进行改革，将教育的重心集中到帮助学生挖掘自身的创新潜力上，以培养具有创新创业意识和创新创业能力的高素质人才。作为创新人才培养的摇篮，高校应该将创新创业培养作为重要任务，努力为国家培养一批批优秀的人才，为国家的兴旺作出贡献。

知识经济时代对我们国家来说，既是机遇，也是挑战。如果能够抓住机遇，便可以迎头赶上发达国家的步伐，进入世界知识经济强国行列。为此，我国提出了一系列的举措，为实现民族的复兴作出了努力。我国多位领导人多次提出创新对于民族复兴的重要性，教育是提升国民创新能力的重要手段，通过创新教育培养出与知识经济时代相适应的、具备创新意识和创新能力的高素质人才，为中华民族的生存和发展提供有力的保障。党的十八大以来，中国领导人高度重视科技创新。中共中央总书记、国家主席习近平等党和国家领导人多次前往创新基地、科研场所考察调研，并在多个场合发表重要讲话，强调创新始终是推动一个国家、一个民族向前发展的重要力量，是引领发展的第一动力，必须把创新摆在国家发展全局的核心位置。中国领导人的创新情怀，凸显出创新在中国发展进程中的独特地位。

现有的教育体制、模式、方式等都是在特定的社会和经济环境下产生的，不适用于新的知识经济时代，传统的教育主要是以传授的方式教给学生知识，在很多方面都妨碍了创新意识的增强和创新能力的发展，过于注重教学的统一而忽视了个性的发展，注重知识的灌输而忽视了启发和创新。而知识经济时代，多样性、个性化正是创新教育的关键，因此必须对传统教育模式进行改革，体现新教育的个性化。教育的个性化主要表现为注重将学生培养为富有个性、创造性的人才。教育的个性化早在古代的"因材施教"和现代的"教育的出发点是人"等论述中就被提及，虽然现在的教育已经注意个性化，但考虑到新经济时代这一背景，其重视程度还远远不够。要顺应知识经济的时代潮流，就必须培养国民的创新意识和创新能力，新的教育体制便应运而生。

不论是从国家层面还是个人发展层面来看，创新创业教育的实施都已刻不容缓。虽然早在20世纪30年代，我国著名教育家陶行知就曾极力倡导创新教育，并且从党的十一届三中全会以来，国家一直在提倡转变教育观念，但高校对创新创业的重视程度还远远不够。知识经济对创新的迫切需求也呼唤着教育的个性化，不仅要在制度上创新，还要切实转变教育观念。高校要从教育模式、教育手段、教育方法等方面进行改革，建立与知识经济时代相适应的教育观。创新创业教育要提升每个学生的创新意识和创新能力，使每个学生的学习自主性得到提升，努力使每个学生将创新能力应用到社会建设中。

由于理工科大学生所学专业与科技创新、信息产业等行业密切相关，他们将来都必然直接或间接参与创新创业活动，因此，对理工科大学生创新创业意识和能力的培养必不可少。本书从理工科大学生的现实出发，提出需要对理工科大学生开展创新创业教育，其目的就是培养具有高度创新实践能力的创新型人才。理工科大学生的知识面窄，社会交际能力较弱，创新创业教育可以扩大知识面，提升他们的创新创业能力，增强他们的竞争能力和生存能力，最终把理工科大学生培养成为全面发展的复合型人才。面对日益严峻的就业压力，创新创业教育可以激发理工科大学生的创业动力，使得一部分理工科大学生投身于创业，缓解就业压力，创造更大的价值。高校推行创新创业教育能有效地推动国家创新创业体系的发展，培养具有创新能力和创业能力的高素质人才，对推动创新型国家的建设起到重要的作用。

随着知识经济的到来，理工科大学生的创新创业教育将是一种与社会发展相适应、具有自主性和科学性、站在世界前沿的进步教育。理工科大学生创新创业教育的内容应该是强化理工科大学生的创新创业意识，拓展理工科大学生的多元知识结构，培养理工科大学生的实践操作能力和适应社会的能力。从创新创业教育的目标来看，其主要是培养积极进取的大学生。开展创新创业教育是希望能够培养大学生积极健康的心态，变被动灌输为主动学习，促使学生能积极主动地适应社会，同时培养大学生的事业心和开创能力。创新创业教育旨在培养学生的创新创业意识、创新创业精神和创新创业能力，并渗透终身学习的理念，从而使更多的学生成为开拓性创新创业人才。总体来说，理工科大学生创新创业教育是有别于普通教育的创新性教育，从传承转变为革新，对大学生培养的内容、目标、方法等多方面进行改革。

第二章
理工科大学生创新创业教育

21 世纪，知识经济占据主导地位，国家的经济发展越来越依赖于科技创新的水平与创新创业人才的培养，世界各国对创新创业教育的重视程度也越来越高。联合国教科文组织在“面向 21 世纪教育国际研讨会”中把创新创业教育称为“第三本教育护照”，将创新创业教育提高到与学术性和职业性教育同等重要的地位。在高校开展创新创业教育，并不仅仅是为少数已有创业基础的人提供服务，而是为了培养所有大学生的创新创业意识、创新创业精神和创新创业能力。理工科大学生人数众多，对他们进行创新创业教育，提升其创新创业素质，对于国家创新能力的提升有着重要意义。随着科技的发展和社会的进步，创新创业教育的目标、教学方法、教学内容等都在发生变化，各国的创新创业教育也在进行改革。美国、英国、日本等国家的大学生创新创业教育的内容和模式在改革进程中日益完善，他们的创新创业教育发展和创新创业教育模式对我国的创新创业教育有着重要的借鉴作用。经过不断的教育改革和发展，我国在创新创业教育方面也取得了初步的成效。探索与我国经济发展相适应、与我国理工科大学生群体相适应的创新创业教育模式意义重大。

第一节 大学生创新创业教育相关概念

一、创新的含义

由于技术的创新，科学技术应用于生产实践，人类文明自近代以来取得了丰硕的成果。人类社会从低级到高级、从简单到复杂、从原始到现代的进化历程都是一次次不断创新的过程。我国古代的四大发明对政治、经济、文化的发展起了巨大的推动作用，使中国封建社会达到了巅峰时期，并且这些发明经由各种途径传至西方，对世界文明的发展同样产生了很大影响。然而，随着朝代更迭，奉行闭关锁国政策，创新意识也越来越薄弱，中国的发展越来越落后于西方，使得中华民族遭受了百年屈辱。直到中国共产党成立，在马克思主义的指导下一次次尝试探索真理，创新发展理念，中华民族才再次看到了曙光，取得了胜利，建立了新中国。党的十一届三中全会提出了创新性的发展路线——改革开放，中国才开始走向快速发展的富强之路。

“创新是一个民族进步的灵魂。中华民族是有这种灵魂的。创新也是国家兴旺发达的不竭动力。这是人类历史发展的经验反复证明的客观真理。”这是江泽民同志在《创新是民族进步的灵魂》的讲话中提出的创新创业的时代精神。党的十八大以来，更是将“创新”摆在了国家发展的突出位置。2016 年 5 月，习近平总书记在全国科技创新大会、两院院士大会、中国科协第九次全国代表大会上的重要讲话中，提出“科技创新、制度创新要协同发挥作用，两个轮子一起转”的论述，坚定了要在深化改革中推动创新的信念。

创新究竟是什么呢?“创新”起源于拉丁语，原意是更新，创造新的东西，改变。创新是指首创出前所未有的事物，其突出特点主要是“前所未有”，这说明创新必须是一种首创活动，而这里的“事物”所指的范围很广，涉及经济学、社会学、管理学等领域。创新是一种人类特有的认识和实践能力，是人类主观能动性的高级表现形式。随着创新在经济和社会发展中的作用越来越大，创新的含义也变得更加丰富。

创新最早是由著名经济学家约瑟夫·阿罗斯·熊彼特（Joseph Alois Schumpeter）提出的。他在其所著的《经济发展概论》中指出：创新就是建立一种新的生产函数，对生产要素进行重新组合，也就是把一种新的生产要素和生产条件的“新组合”引入生产体系。由此延伸出一种新的产品、一种新的生产技术、一个新的市场、一种新的供应渠道、一种新的组织形式。熊彼特的创新理论是以技术创新为核心的，他仅把创新限定在了经济活动和经济学范畴之内，具有一定的局限性。这一概念后来扩展到管理、技术、社会学等众多领域。随着时代发展，创新在新的历史条件下得到了升华，美国经济学家华尔特·罗斯托（Walt Rostow）针对创新提出了“起飞”六阶段理论，将“创新”的概念发展为“技术创新”，把“技术创新”提高到“创新”的主导地位。

20 世纪 50 年代，美国的管理大师彼得·德鲁克（Peter Drucker）将创新的概念引入管理领域，提出了“管理创新”，他认为创新就是使资源具有创造新的财富的能力的一种行为。随着创新理论的发展，创新不再局限于经济领域、管理领域，社会学界和自然科学界也有大量的学者在进行相关研究。“创新”这个概念已经扩展到社会的各行各业中，如教育领域、科学领域、艺术领域都在要求创新，理论创新、制度创新、科技创新也都经常被提及。

20 世纪 80 年代以来，我国也开始对创新进行较为深入的研究。傅家骥先生从经济学方面对技术创新进行了研究，他认为技术创新是企业家抓住市场的潜在盈利机会，以获取商业利益为目标，重新组织生产条件和要素，建立起效能更强、效率更高和费用更低的生产经营方法，从而推出新的产品、新的生产（工艺）方法，开辟新的市场，获得新的原材料或半成品供给来源或建立企业新的组织，它包括科技、组织、商业和金融等一系列活动的综合过程[1]。

综合以上学者对创新概念的分析，本书认为，创新是一种能实现一定经济或社会效益的过程，产出新的技术、产品、方法、市场、组织。创新是一种事物变化的趋势，是发现问题和解决问题的过程，强调改变旧的事物创造新的事物的过程，其广泛涉及经济、管理、社会学、教育等领域。

一般来讲，创新具有以下几个明显的特征：首先，创新具有社会性。创新存在于社会的一切领域，每个行业、学科、领域都会发生变化，创新脱离不了社会的制约，同时又能推动社会的发展。其次，创新具有永恒性。创新受人的自我实现本能的驱使，永远不会终止，只要有人类，创新活动就不会停止。第三，创新具有超前性。创新是创造出新的事物，社会认知必然滞后于创新，创新意识和思维总是超前的。第四，创新具有新颖性。创新是创造出前所未有的事物，创造出来的事物必然是标新立异的，这就凸显了创新的新颖性。最后，

[1] 齐晶：《大学生创新能力培养研究》，燕山大学硕士学位论文，2009 年。

创新具有继承性。创新是永无止境的，最好的创新总是下一个创新，下一个创新又是在上一个创新的基础上不断继承、不断发展的过程。

二、创业的含义

1985 年，著名管理学家彼得·德鲁克在《创新与企业家精神》中预言，未来经济增长将不再以现有业务的增长为基础，而是以创新为动力。管理者不仅必须学会对创新业务的管理，还必须学会管理创新型组织，面对一个由创新和企业家精神主导的新社会。[1] 进入 21 世纪，世界渐渐步入了“创业经济时代”，美国和中国是典型的代表。创业使美国经济创造了连续 30 年持续增长的纪录，创业促进了美国经济的持续繁荣，创业型就业是美国经济发展的主要动力之一。中国也不断涌现出大量的创业浪潮，一批具有前景的企业经受住了考验，在创业浪潮中脱颖而出成长为大型支柱型企业，推动了经济的发展。例如，创立于 1999 年的阿里巴巴网络技术公司，于 2014 年 9 月在纽约证券交易所正式挂牌上市，其 2015 年全年总营业收入为 943.84 亿元人民币，净利润为 688.44 亿元人民币。[2] 2016 年 4 月，阿里巴巴官方微博宣布，截至 2016 年 3 月 31 日财年底，根据阿里巴巴集团中国零售交易市场的交易总额（GMV），阿里巴巴集团已经正式成为全球最大的零售体。马云依靠他的创新点子建立了阿里巴巴交易平台，其支付宝也得到了广泛推行，不到 20 年，借助于互联网迅猛发展之势，这家公司成了全球企业创业成功的典范。

很多人想创业，但不是每个人都能够创业成功，我们应该首先了解创业的内涵，掌握创业的基本条件，对创业有一个充分的认识。《辞海》将创业定义为“创立基业”，突出了开端的艰难以及过程中的开拓与创新意义。而现代意义上的创业概念是由经济学家熊彼特在 1934 年提出的，他指出创业就是执行一些新的组合，创业者就是执行这些组合的人。“新组合”就是开发新的产品，使用新的生产技术，开拓新的市场，寻求新的供应渠道，实现新的组织形式。随着科学技术的发展，创业的含义已经不仅仅是新企业的建立，它作为一种全新的理念渗透到社会的各个行业，成为一种思维模式和行动模式。

20 世纪 80 年代以来，创业学在西方得到了较快的发展，目前已经形成了

[1] 王铁生：《创业经济时代需要建设企业家型大学》，《商业现代化》，2006 年第 18 期。
[2] 数据来源：《阿里 2015 财年第四季财报业绩强劲：超分析师预期》，新浪科技，http://tech.sina.com.cn/i/2015-05-07/doc-icpkqeaz3326433.shtml，2015 年 5 月 7 日。

一个相对独立的管理学分支，成为MBA的必修课程之一，在一些著名大学中已建立了创业学专业甚至创业学系。学者对“创业”这一概念的研究由来已久，对创业的定义也不尽相同。美国经济管理学家罗伯特认为，创业是一个创造增长财富的动态过程。美国另一位经济管理学家霍华德认为，创业是一种管理方式，是追踪和捕获机会的过程，这一过程与其当时控制的资源无关。霍华德进一步指出，创业可从七个方面的企业经营活动来理解：发现机会、战略导向、致力于机会、资源配置过程、资源控制的概念、管理的概念和回报政策。美国经济管理学家杰弗里认为，创业是一种思考、推理和行为方式，这种行为方式是机会驱动、注重方法和与领导相平衡。创业导致价值的产生、增加、实现和更新，不只是为所有者，也为所有的参与者和利益的相关者。[1] 在中国，创业活动也受到了社会各方面的关注和支持，得到了政府的鼓励和优惠，掀起了创业之风。人们对创业的认识不再是感性认识，国内学者也对创业进行了大量的研究。郁义鸿、李志能等人认为，创业是一个发现和捕捉机会并由此创造出新颖的产品或服务并实现其潜在价值的过程。宋克勤将创业定义为创业者通过发现和识别商业机会，组织各种资源提供产品和服务，以创造价值的过程。

目前，创业还没有一个能被大家普遍接受的定义，但从以上学者的定义来看，创业可以分为广义的创业和狭义的创业。广义的创业是指所有具有开拓性和创新性特征的、能够增进经济价值或社会价值的活动[2]，狭义的创业是指创建一个新的企业。

三、创新与创业的关系

创新并不等同于创业，两者之间是有一定区别的。创新是指理论、方法或技术等某一方面的发明或改进，原创性是创新的标志。创业是指创办新的企业或者事业，实践性是创业的核心。创新的关注点主要是创新成果是否可以得到应用，而创业的关注点主要是创业活动能否实现价值增值，所以创新与创业是两个不同的概念。

透过二者的本质我们可以发现，创新与创业之间既存在区别，又存在着不可分割的联系。前者决定着后者，后者是前者的体现，同时促进前者不断深化。

[1] 李伟、张世辉：《创新创业教程》，清华大学出版社，2015年。

[2] 朱婧、姚震：《工学结合模式下高职大学生创新创业能力的培养——以浙江职业技术学院建筑与艺术系为例》，《价值工程》，2012年第25期。

创新和创业的联系，主要体现在以下三个方面。第一，创新是创业的本质和源泉。创业是开拓创新的事业，提供满足消费者的物品或某种服务，想要在同类产品中脱颖而出就需要将新的理念、新的技术应用到新的产品之中。创业者需要源源不断的创新思维和创新意识，将富有创意的想法有效地融入市场，开创出新的模式、新的思路，进而创业成功。第二，创新的价值体现于创业中。创新在于潜在知识的应用、新技术的应用以及新服务的应用等，需要一定的载体或形式体现出来，创业可以将创新成果转化为社会产品服务大众，实现创新价值的市场化，而不只是在书本上说说。第三，创业推动并深化创新。创业可以推动新的发明、新的产品或新的服务不断涌现，创业者为了在创业浪潮中生存下来，又需要在某一方面满足社会新的需求，从而进一步推动和深化创新。

可以看出，创新与创业既相互区别又相互联系，两者相辅相成。创新增加了竞争优势进而推动了创业的成功，而新技术能否转化为产品走向市场化需要依靠创业这个过程。因此，要想创业成功就必须把创新和创业结合起来，以创新推动创业，在创业中不断创新。

四、大学生创新创业

创新是大学生别具一格的闪光点，无论是为了大学生的个人发展，还是促进整个社会的经济发展，将大学生创新与创业结合起来都至关重要。

首先，大学生的创新与创业相结合，可以更好地推动社会经济的发展。大学生作为一个特殊的群体，具备较高的文化水平和素质，有着利于创新创业的基本条件，能够在全民创新创业浪潮中起到很好的带头作用。目前，我国大学生创业率较低，其发展空间较大，将创新与创业结合的策略可以为国家的经济发展注入新的活力。其次，大学生的创新教育与创业教育相结合，可以更好地带动就业，缓解就业压力。受世界经济形势与高校扩招的双重影响，高校的毕业人数和就业市场的职位需求愈加不平衡，就业形势愈加严峻。面对严峻的就业压力，高校更应该培养大学生转变就业思路，积极地投身创业的行列，由被动者转变为主动者，同时提供更多的就业职位减缓就业压力。再次，将大学生的创新与创业相结合，可以更好地帮助大学生实现人生价值。在培养大学生创新意识与创新能力的过程中，增加对创业、就业的方法传授，可以帮助大学生进一步结合自身专业优势，投身于社会建设，从而在事业中实现自我价值。

第二节 理工科大学生创新创业教育相关概念

一、创新创业教育的内涵

（一）创新教育的概念

21世纪，人才竞争愈加激烈，人才的培养靠的是教育，人才竞争的不断加剧使得我国高等教育的发展环境发生了变化，创新教育成为发展教育的主流。创新教育就是以培养人的创新思维和创新能力，不断运用新知识、新技术、新思想、新材料，以迅速转化生产力为目标的教育。为了迎接知识经济时代的挑战，需要培养大量的具有竞争力的人才，创新教育肩负着巨大的使命。

1. 创新教育的含义

创新教育是由创造教育发展而来的，最早提出创新教育的是美国的教育家约翰·杜威（John Dewey），他提倡以学生自由发现为主的科学研究式教学。此后创新教育在美国、日本、德国得到了重视，这些发达国家在激烈的国际竞争中也是以创新教育取胜。我国的创新教育起步较早，由著名的教育家陶行知提出，但由于各种原因未能在实践中得到应用。直到党的十六大，创新被提到了国家战略层面，创新教育才迎来了它的新发展契机。目前，学术界对大学生创新创业教育有几种定义：一部分学者认为创新教育是通过创新教学环节，以培养大学生创新精神、创新意识、创新能力和创新习惯为目的的教学。还有学者认为创新教育有广义和狭义之分，狭义的创新教育就是以培养具有创新意识、创新精神、创新思维以及创造能力的创新人才为目的的教育活动；而广义的创新教育，则指凡是以培养人的创新素质、增强人的创新能力为主要目的的各种教育活动都称为创新教育。另一种看法是创新教育不单是一种新的教育方式，不仅仅是对教育方法和教育内容进行改革，而应该对创新教育的功能重新定位。创新教育不仅要增设一些创新性的教学板块，还要注重教育观念创新、教育模式创新、教育内容创新、教育方法创新、教育教学制度和评价体系创新等，是一个完整的系统。

2. 创新教育的特征

基于创新教育的含义，我们可以总结出创新教育的五个主要特征。

第一，大学生创新教育对教育方法、教育内容等方面进行了变革，强调思想和观念方面的教育。

第二，大学生创新教育体现了教育的个性化和民主化，保留每个个体的个性发展，激发每个人潜在的能力，使其充分发挥自身的优势。

第三，大学生创新教育在重视全面发展学生素质的同时还重视人个性发展的和谐性和特异性。

第四，大学生创新教育实现了由传统的继承性教学向自主创新性学习的转变。

第五，大学生创新教育不仅仅是训练学生的创造技巧，更是以培养大学生创新精神和创新思维为目标的一种全方位的教学。

对于高校来说，创新教育就是培养一批具有创新思维和创新能力的高素质人才。高校必须重新定位人才培养的模式，从培养目标、课程设置、教学方法、管理理念等多方面进行改革，注重大学生创新思维、创新精神和创新能力的培养，将创新的理念深入到教学的各个环节，使学生具备较强的专业能力和综合素质，拥有科学的学习态度和广博的知识面，能够更好地适应社会发展带来的挑战，成为能够在经济时代立足的创新型人才。

（二）创业教育的内涵

我国正处于激烈的经济转型期，要想推动经济快速发展，人才和知识储备缺一不可。创业教育是一种能为国家发展培养出具有创新能力、创业意识和创业技能的人才的教育。创业教育对提升国家的创新实力，推动我国经济转型升级，提高国家综合竞争力，有着不可或缺的作用。

1. 创业教育的含义

创业的概念是在 1934 年由经济学家熊彼特提出，到了 1989 年，联合国教科文组织正式提出“创业教育”的概念，从广义上要求学校培养具有开创性的个人。2012 年，我国教育部印发了《普通本科学校创业教育教学基本要求（试行）》，明确指出了“结合学校办学定位、人才培养规模和办学特色，适应学生发展特别是学生创业需求，分类开展创业教育教学”。创业教育，就是为学生提供开创企业所需要的知识和技能，培养创业精神的教育。其本质是在大学生的培养过程中，激发学生的创业意识，培养创业能力，培育企业家精神，培养学生具有不同的职业价值诉求。

自创业教育概念被提出以来，我国高校的创业教育得到了快速的发展，众多学者也对创业教育做了研究。有学者认为创业教育是开发和提高大学生创业素质、培养具有创新精神和创业能力的高素质社会主义现代化建设者的教育[1]。还有学者认为创业教育是一种培养学生成为经营企业的创业家所需综合能力的教育。

近年来，高校毕业生的人数和就业岗位需求之间的矛盾越来越突出，市场的需求量远远低于高校毕业生的供给量，扩大就业、缓解就业压力成了政府亟待解决的问题。解决就业问题就得靠创业。大学生群体是创业的主力军，而创业者需要经过系统的创业理论知识学习和创业训练。对此，高校应开展创业教育，对学生进行悉心培养。创业教育可以培养大学生的创业精神和创业能力，提高创业成功率，让大学生从被动的就业者转变为主动的雇主，解决自身就业问题的同时提供更多的就业岗位，缓解就业压力。

因此，我们认为创业教育特指根据经济发展的实际需要，面向大众开展的提高创业素质、提升创业能力的一系列教育的统称。

2. 创业教育的特征

高校的创业教育就是以开发和提升大学生的创业意识和创业技能为目标，注重培养大学生的创新精神和创业精神，使他们具备基本的创业能力，增加创业成功率的教育。创业教育为我国的经济发展提供了重要的理论支持，培养了一批批创业骨干，提升了我国的创业实力，加快了我国经济的转型升级速度，提升了我国的综合国力。

（三）大学生创新创业教育

1. 创新创业教育在我国的发展

与创业教育体系较为完善的国家相比，我国的创新创业教育起步较晚。1998 年，清华大学开设了首个“创新与创业管理方向”的 MBA 课程，同时还为本科生开设了“高新技术创业管理”课程。清华大学还举办了首届大学生创业计划大赛，这是我国高校创业教育的开端。此后，国内各高校也开始组织创业大赛，创业教育在各高校得到推广。1999 年，国务院批转的教育部《面向 21 世纪教育振兴行动计划》较为完整地提出了重视创业教育的要求，明确提出“加强对教师和学生的创业教育，采取措施，鼓励他们自主创办高新技术企业”，这标志着我国的创新创业教育正式启动。

2002 年，教育部正式发文确定中国人民大学、清华大学、北京航空航天大

[1]　李时椿：《创业管理》，清华大学出版社，2008 年。

学、黑龙江大学、上海交通大学、西北工业大学、南京经济学院、武汉大学、西安交通大学9所高等院校为首批创业教育试点学校。2003年，教育部高教司举办了“创业教育骨干教师培训班”，邀请了国外创业教育专家为创业教育骨干教师进行培训，提升了教师的创业教育素质和水平，为创业教育提供了助力。2005年，国际劳工组织、团中央和全国青联开展KBA创业教育项目，为师生提供了良好的创业信息、专家指导和交流平台。我国的创新创业教育由此进入了快速发展的阶段。

教育部在2010年发出的《关于大力推进高等学校创新创业教育和大学生自主创业工作的意见》中指出：“在高等学校开展创新创业教育，积极鼓励高校学生自主创业。”党的十八大报告也提出要“鼓励多渠道多形式就业，促进创业带动就业。加强职业技能培训，提升劳动者就业创业能力”。由此可以看出，我国的创新创业教育走向了全面推进的阶段。

国家对创新创业工作的重视也是逐年增强的。2015年，国务院办公厅下发了《关于深化高等学校创新创业教育改革的实施意见》，其中允许保留学籍休学创业，自主创业的大学生可将创业折算为学分，高校开设创新创业教育必修课、选修课等一系列的措施引起了社会各界关注。该意见要求高等院校设置合理的创业学分，允许专职教师到行业企业挂职，并且鼓励社会设立创业风险基金为创业活动提供资金支持，等等。这些政策的出台对高等院校改革创新创业教育工作机制提出了新的要求。

在国家政策的指导下，我国的创新创业教育也取得了一些成果。创新创业教育已在众多高校进行推广，大学生也更加意识到创新创业的重要性，同时我们对创新创业教育的研究也越来越深入，理论研究成果日渐丰富。我国高等院校对大学生创新创业教育也有了自己的模式，创新创业实践形式逐渐完善。另外，国家也有针对性地培养从事创新创业教育的老师，创新创业教育的师资力量也得到了较大的提升。但总体来讲，我国的创新创业教育还处于起步阶段，与其他国家相比还存在一定的差距。高校毕业生的创新创业意识还不够，创业参与度和创业成功率还较低，大学生创新创业教育依然任重而道远。

2. 创新创业教育的培养目标

在信息化和全球化的时代背景下，创新创业教育的产生是时代发展的必然要求。美国是最早出台相关政策大力发展创新创业教育的国家，出台多种政策并运用多种手段促进了创新创业氛围的形成，全民创新创业热情高涨，经济得到蓬勃发展。我国的创新创业教育起步较晚，但发展速度很快，从国家出台的相关文件和优惠政策也可以看出，创新创业教育已经得到高度的重视。全面推进创新创业教育，培养适应经济发展和社会需求的高素质人才，已经上升为国家战略。教育部也要求高校全面实施创新创业教育，加快创新创业教育的步伐，使创新创业教育取得突破性的进展。培养创新型人才，推动我国经济转型升级，提高国家综合竞争力，是理工科大学生创新创业教育的主要目标。

创新教育和创业教育之间有着千丝万缕的联系。首先，创新教育和创业教育的目标一致。创新教育的重点是培养具备创新意识和创新能力的高素质人才，只有具备了创新精神才符合世界经济所需的人才标准，具备了实践能力才能够有效地将创新知识转化为生产力，实现经济的快速发展。创业教育的重点在于培养学生的创业能力，而创业能力在一定程度上反映了一个人的创新能力和实践能力，因此创新教育和创业教育在培养目标上是一致的。

3. 创新创业教育的内容

创新教育和创业教育的内容在本质上是一致的。创新教育成功与否的最有效的检验方式可以体现为创业的过程，而创业的成败又取决于创新教育的成效，两者相互促进、相互制约。创新教育和创业教育的内容缺一不可，创新能力在创业过程中必不可少，它为创业提供了基础，但只有创新能力没有创业实践也是失败的，创新精神只有通过创业活动才能体现，两者相辅相成才能彼此促进，实现双赢。

国外并没有把创新教育和创业教育联系起来，但他们在认知上已经了解了创新教育和创业教育之间的相互联系，而我国将创新融入创业中，提出了创新创业教育的概念，对于创新创业教育的理解也有很多不同的解释。2010 年，《教育部关于大力推进高等学校创新创业教育和大学生自主创业工作的意见》指出："创新创业教育是适应经济社会和国家发展战略需要而产生的一种教学理念与模式。在高等学校中大力推进创新创业教育，对于促进高等教育科学发展，深化教育教学改革，提高人才培养质量具有重大的现实意义和长远的战略意义。创新创业教育要面向全体学生，融入人才培养全过程。"一些学者也对创新创业教育给出了自己的定义，唐嘉芳认为：创新创业教育本质上是一种培养学生创新精神、创业素质、创业技能的教育活动，即培养学生如何适应社会生存、自主择业、自谋职业的方法和途径。[1] 曹胜利指出，创新创业教育是一种新的教育

[1] 唐嘉芳：《创新创业教育与大学生自身可持续发展》，《教育与职业》，2008 年第 29 期。

理论与实践的思潮，一种新型的人才培养与教育模式，其基本内涵是事业心与开创能力的培养。创新创业教育不同于社会上以解决生存问题为目标的就业培训，也不可能是一种企业家速成教育。真正意义上的创新创业教育应该是着眼于为未来几代人设定创新与创业的“遗传代码”。[1]

本书比较赞成学者杨凯的观点，创新创业教育作为一种新的教育理念，并不是创新教育与创业教育的简单叠加，而是在理念和内容上实现了对创新教育或创业教育的超越。创新创业教育是一个新的完整的概念，创新创业教育是一种以培养学生的创新创业精神，提升学生的创新创业综合素质，提高学生的创新创业能力的教育活动。创新创业教育的核心是转变传统的教育观念、改革人才培养模式和教学方法，实现从注重知识传授向更加重视能力和素质培养的转变，提高人才培养质量。在创新创业教育中，创新与创业相互作用、相互影响、贯穿始终，共同构成了创新创业教育的核心。[2]

4. 创新创业教育与传统教育的区别

创新创业教育与传统的教育有着较大的差别。第一，创新创业教育更加注重学生的创新创业意识的培养，引导学生从一个被动的求职者转变为主动的建设者。第二，创新创业教育的课程范围较为广泛，包含创新、企业管理、企业融资、知识产权等课程。创新创业教育更加注重通过实践模拟等实战形式使学生对创新创业有更加感性的体验。第三，创新创业教育的方式更加多样化，可以通过开办各种科技竞赛、创新创业计划大赛、参与创新创业项目等活动，让学生在实践中全面地体会创新创业的乐趣。第四，创新创业教育不仅需要校内的师资，更需要有企业背景的雄厚的师资力量。通过开展创新创业教育，由专门的导师团队带领学生开展创新创业活动，提升新公司的创建率，为国家的经济发展作出贡献。另外，创新创业教育需要资源丰富的平台，高校具备创新创业中心、学术社团、校企联合实验室等机构，为创新研究提供了良好的平台。

近年来，经济的不景气和大学生毕业人数不断攀升，导致大学生就业压力增大，而在毕业生中理工科大学生所占比重较大，就业形势更为严峻。创新创业教育是缓解理工科大学生就业压力的现实途径，可以有效激活理工科大学生的创业动机，使许多有创业倾向的理工科大学生投身创业。因此，创新创业教

[1] 曹胜利：《创新创业教育呼唤模拟教学与体验式课程》，《实验技术与管理》，2009 年第 8 期。

[2] 杨凯：《高校计算机专业学生创新创业教育的探索》，《青春岁月》，2014 年第 20 期。

育不仅可以缓解目前大学毕业生越来越大的就业压力，同时还能创造新的就业岗位，创造更大的社会效益。高校是培养具有创新意识、创业精神和实践能力的高水平人才的重要基地。创新创业教育是现代化建设的重要战略，理工科大学生掌握着专业知识和专业技能，是现代化建设的生力军。创新创业教育是建立高校创新体系的关键性环节和基础性内容，能有效地支持和推动国家创新体系的建立，对建设创新型国家也必将发挥重要的作用。

5. 我国创新创业教育的特点

我国政府对创新创业教育的重视程度越来越高，为高校大学生创新创业教育制定了相关政策，促进了高校创新创业教育的实施。目前，高校普遍已经开始实施大学生创新创业教育，创新创业教育也已经上升到了教育理念改革的高度。我国创新创业教育主要有以下几个特点。

创新创业教育课程体系初显。一些高校逐渐开设了与创新创业相关的各类课程，如创业管理、创业企业设立及研发等课程。近年来，国内学者开始编写大量创新创业教育类书籍，发表创新创业教育的相关文章，形成了一定的规模和水平。

创新创业教学手段日益丰富。在高校的创新创业课中，教师开始采用案例教学的方法，通过案例分析和角色模拟使学生能够亲身体验创业实践，提升自我创业能力。高校开展了各类创新创业竞赛，激发学生的创新创业意识，提升学生的参与度。高校还提供了创新创业项目实践，学生通过参与实际的创新创业项目提升创新意识、创业精神和实践能力，借由创新项目也孵化出大量的创业企业。

创新创业教育实践教学和研究机构越来越多。清华大学、西北工大、浙江大学等高校都建立了创新创业中心，为学生提供创业理论知识。同时，将企业引进高校的方式加深了高校与企业间的合作和交流，促进了师生的创新成果向企业转化，也为企业增添了活力，增强了企业竞争力。虽然我国的创新创业教育已经取得了初步的成效，规模和水平与之前相比已经得到了较大的提升，但仍然存在一些问题：

创新创业文化基础较为薄弱。从历史发展来看，我国的传统文化较为保守，缺乏竞争意识，而长期的传统教育也束缚了学生的创新思想，一部分家长和老师甚至认为创新创业教育会影响孩子的应试教育成绩。这些因素都在很大程度上影响了我国创新创业教育的进程。

创新创业教育主要局限于技能层面，观念落后，素养不够。目前，各高校创立了大量的创新创业中心、科技园、创业园区等，各种创业活动增多，但是往往只流于形式，大学生的创新创业素质仍然匮乏，创新创业教育难以向深入的方向发展。

参与创新创业的规模较小。虽然我国的创业人数在增多，但是其所占毕业生的比例仍然较低。另一方面，学生创办的创业企业所涉及的科技含量较低，大部分学生从事于服务业、销售、家教等一些技术含量较低的行业，即使是涉及互联网或电子信息产业的创业者也多是从事与网站开发、维护、研究无关的技术工作。

二、理工科大学生创新创业教育

理工科高校有着其鲜明的特色，这为创新创业教育提供了有利的条件。理工科高校的学科基础，使得学生在应用研究、产品设计、工艺设计等方面具有较强的实力。同时，理工科高校相比于文科类高校有更多的产学研结合的经验，更容易与地区的经济发展相适应。理工科大学生是创新创业教育的重要对象，肩负着推动国家经济发展的重要使命。由此，我们可以看出理工科大学生创新创业教育的内涵具有其独特性，有其特殊的研究价值。本文所说的理工科大学生创新创业教育就是指在理工科大学开展的，针对大学生群体开展启迪创新创业意识、提高创新创业素质、提升创新创业能力的一系列教育的统称。

（一）理工科大学生的特点

理工科是一个十分宽泛的概念，包含物理、化学、生物、工程、天文、数学及前面六大类的各种运用与组合的科目，它实际上是自然、科学和科技的统称。在高等教育中，理工科具有更加偏向于讲求实用、实干，追求科学的学科特点。由于所学专业的关系，理工科大学生在知识结构、思维方式、心理状态、价值取向等多方面都有着与其他大学生不同的特征。

首先，理工科大学生的知识结构相对比较集中。由于理工科大学生所学的专业比较明确，他们的学习焦点通常都放在了掌握精深的专业知识方面，不论是老师还是学生都经常忽略知识面的宽广性，导致部分理工科大学生的知识面较窄，虽然精通于自己所学的专业知识，但在知识的广博性上略显不足，特别是对人文社会方面的知识涉猎较少。

其次，理工科大学生具有严密的逻辑性思维。由于理工科学生所学专业中多为工程科学，相对于其他学科更加强调事物间的联系，突出把握其中的规律性，这使得理工科大学生的思维模式更加理性化，遵从于计算所得的结果或是总结出的规律，感性的思维模式有所缺失，想象力稍显不足。

再次，理工科大学生更加倾向于独立的思考和有计划的执行。受专业学科性质的影响，针对专业问题需要更加深入的钻研和冷静的思考，这使得理工科大学生更加倾向于独立思考和沉思，更喜欢按照自己的安排一步一步进行思考、执行等活动。由于理工科专业的实践性较强，在工程实施中要求对影响因素进行控制和规范，因此使得理工科大学生能更加严谨地遵守规范，对自己的行为有更好的约束，工作中脚踏实地、循序渐进。

最后，理工科大学生更加理性。由于人才培养的各个环节更强调专业严谨性，理工科大学生的情感没有人文社会科学大学生那样丰富，相比较而言他们的情感变化比较缓慢，气质更加内敛，相对来说不善于表达。受理工科专业应用领域的影响，理工科大学生的职业面临的工作强度更大，艰苦程度更高，这使得理工科大学生更加具备吃苦耐劳的精神，面对困难更加坚忍不拔。

这些较为明显的特征都使得理工科大学生在创新创业能力的培养方面比其他学科的大学生有更加明显的优势。第一，由于在校接受了系统的专业知识学习和专业训练，理工科大学生具有较为扎实的专业基础。第二，理工科大学生所学的专业与实践联系较为密切，又受过工程实践的训练，因而具有较为突出的专业技能和动手能力。第三，理工科大学生具有较强的逻辑思维能力，对问题的分析能够做到有理有据。第四，理工科大学生态度严谨，善于观察和思考，勇于探索，具有顽强的意志。但同时，理工科大学生也存在着一些不足，主要表现在知识面不够宽，特别是人文素养十分欠缺，思维的灵活性不足，不善于与人交流，影响团队间合作沟通。

理工科大学生的人数规模较大，理工科类学科也在我国高等教育中占据重要的地位，提升理工科大学生的创新创业素质对于国家创新能力的提升有着重大的意义。有了对理工科大学生在知识结构、思维方式、价值取向、心理状态等多方面特征的深入研究，有利于我们掌握理工科大学生这个特殊群体在创新创业能力培养方面的优劣点，便于我们制定理工科大学生创新创业教育的策略和方针。

（二）理工科大学生创新创业教育的特点

由于大学生自身的特殊性，在创新创业教育方面与其他群体有所不同，主要表现为以下几个方面：首先，大学生综合素质和能力相对较高，掌握了丰富的学科知识和先进的科学技术，对新事物的接受、吸收速度较快，能够迅速抓住事物的变化趋势，因此具备了创新的条件。其次，大学生多处在思想活跃的黄金年龄，敢想敢做，思想不受约束，适合做创新创业的活动。再次，大学生有创新意识，善于发掘创业机会，但是缺乏实践经验，而且多数时候只凭借一时的激情和冲动，没有足够的准备和系统的规划，缺乏毅力，易导致在实际的创业过程中失败。第四，大学生多以在校学习为主，跟社会的接触很少，缺乏一定的社会基础，除了与老师、同学、亲人接触以外，没有更为广阔的关系网，在实际的创业过程中，往往因为缺乏关系网导致无法获取相关的资源而失败。因此，各级政府及学校都制定了一系列的政策和措施以支持大学生创新创业，为大学生提供了一个良好的环境。

国家大力推进"创新驱动发展战略"，科技创新被摆在突出的位置，各级政府制定了一系列鼓励科技创新的政策和措施，支持大学生创新创业，无形中为理工科大学生提供了良好的创新创业教育的外部环境。在理工科大学开展创新创业教育要着重把握以下几点：首先，加强理工科大学生创新创业实践的基本知识与能力的培养。理工科大学生在创新创业过程中具有良好的专业优势，理论基础和实践能力都比较强，除了在专业学习中掌握创新创业所必需的基础理论知识与技能外，还要参加各种科技竞赛和创新创业项目进行模拟训练，为以后的自主创业奠定基础。由于理工科大学生在校期间通过努力研究掌握了一定的先进技术，容易产生属于自己的创新技术和产品，可以围绕着自己的优势来确定创业目标，组合资源，选择创业领域及方向。其次，加强理工科大学生创业机会识别的认知系统的建构。理工科大学生接受了系统的专业知识学习和科研实践训练，但如何利用所学，及时预测到某项研究的市场前景，找到市场的空白点，并将研究与产业有效结合，最终实现产业化、市场化，获取利润，是特别需要在创新创业教育中予以引导和渗透的。第三，加强对理工科大学生的挫折教育。面对挫折的能力，也可以看出人格魅力的养成，很多年轻人往往惧怕挫折，担心失败，畏惧痛苦，最终造成创新创业的失败。要让理工科大学生了解，即使成功的创业，也是在经历了无数次挫折、困难的磨砺后才走向成功的，在创新创业教育的各个环节要纳入挫折教育，引导学生不惧困难、敢于承担风险，这些是创业者必备的要素。第四，加强理工科大学生领导力的培养。相对而言，理工科大学生在语言表达、人际交往、组织协调和人文素养等方面的能力有所欠缺，这些能力与理工科大学生的创业成功与否存在着必然的联系。

因此，理工科高校的创新创业教育要特别注重大学生领导能力、人文素养的培养。

（三）理工科大学生创新创业教育的目标

创新创业教育，是世界教育发展的趋势和方向，也是中国高等教育改革的重点和必然选择。创新创业教育的目标是培养创新创业型人才，首先必须了解创新创业型人才所具备的特质。创新创业型人才就是具备创新创业精神、创业意识和创新创业能力，能够为人类进步和发展作出贡献的人。以下就创新创业精神、创业意识和创新创业能力给出了几点分析。

1. 创新创业精神

创新创业精神具有新颖性和开拓性，需要我们打破常规的思路，用一种全新的视角去看待问题，勇于突破前人的思维，用新的技术、方法、观念去拓展现有的市场和领域。创新创业精神具有持久性，创新创业精神贯穿于整个创业过程，一旦在中途放弃就可能导致创业的失败。创新创业精神具有主动性，创业过程中困难重重，只有积极主动地面对困难和解决问题，充分发挥自己的主观能动性才能够取得最后的成功。

2. 创业意识

创业意识是引发人们进行创新创业活动的共鸣，它反映的是人们如何看待创新创业的问题。创业意识支配着创业者的态度和行为，在很大程度上关系着创业活动的成败。培养大学生的创业意识是为了让大学生对创业有一个正确的认识，增强他们从事创业活动的决心。创业意识是创业活动的思想基础，只有在思想上愿意从事创业活动并具有创新创业基本素质的人，才能走出创新创业的第一步。

3. 创新创业能力

创新创业能力是指使用各种方法和策略解决创业过程中遇到的问题的能力，是创新创业型人才所应具备的核心素质。它包含创新创业认知能力，即能够正确地认知自我和环境，准确地把握机会。创新创业能力还包含专业的职业能力，即能够科学地应用知识分析和解决问题，灵活地应对各种突发问题。创新创业能力还包括良好的进行社会交际和适应社会的能力。

通过对创新型人才所应该具备的素质进行分析，我们明确了创新创业教育的培养目标——我们应该培养积极进取的大学生。大学生创新创业教育旨在培养学生积极健康的心态，反对压抑个性的传统教育，变被动灌输为主动学习，促使学生积极主动地适应社会，面对挫折永不言败。培养大学生的责任感，让学生立志成长为对社会有用的人才。[1] 培养具有事业心和开创能力，并终身学习的大学生。大学生创新创业教育旨在培养大学生的事业心与开拓能力，也就是企业家的素养，但并不是让所有的受教育者都能成为创业者。它培养学生的创新创业意识、创新创业精神、创新创业能力并渗透终身学习的理念，从而使学生拥有了成为开创性的创新创业人才的最大可能。

（四）理工科大学生创新创业教育的基本内容

创新创业教育不等于传统教育，它体现了社会经济发展对人才的知识、综合素质和能力的根本要求。针对理工科大学生，创新创业教育旨在提升其创新创业能力、综合素质等。

1. 培养创新创业意识

理工科大学生要在创新创业方面作出成就，首先，必须具备比他人更为新颖独到的思维，针对某个实际问题，能够打破常规思维的限制，提出创造性的意见或者解决方案。其次，需要培养理工科大学生熟练的创新技能，能够综合地应用各学科的理论知识，充分地应用专业技能提供新方法，解决实际的问题。同时，理工科大学生还需要培养敏锐的创业意识。创业意识给创新创业活动提供强大的动力，提高大学生从事创新创业的兴趣，驱使大学生追求成功的创业。

2. 搭建多元的知识结构

理工科创新创业人才首先应该具备扎实的专业基础知识，在知识积累到一定的深度后，才能够将本专业知识与其他相关专业知识有效地结合起来，解决创新创业实际过程中遇到的问题。在全球化的创新创业浪潮中，理工科大学生需要具备能使用多种语言的能力，培养国际交往的能力，才能够解决在全球化的创新创业过程中遇到的问题。理工科大学生普遍存在人文素养不足的缺点，基本的法律知识、人文知识、历史知识等都影响着创新创业活动的开展。加强理工科大学生的人文素养，使学生既有专业知识又有健全的人格，能够从不同的角度看待问题，从而发现创新点。了解专业的未来发展趋势，熟悉相关技术的最新发展情况也是成功实现创新创业的基本保障。只有掌握快速了解专业发展趋势的方法，正确地捕捉到创业商机，运用创新性的方法，才能实现创业道路上的成功。

---

[1] 许德涛：《大学生创新创业教育研究》，山东大学硕士学位论文，2013 年。

3. 培养实践操作能力

在拥有扎实的专业基础知识的前提下，还需要培养理工科大学生的理论应用能力，善于科学地将基础知识与实际问题相结合，在实际应用中发现问题，并创造性地提出解决方法。实际操作能力也是理工科大学生不可缺少的核心能力，能够熟练使用实际操作中的各种仪器设备、软硬件系统等，运用科学合理的研究方法，得出创新型的结论。

4. 培养领导力

在创新创业过程中，不是所有的工作都能由一人完成的，重要的是团队的协作精神和抗挫折能力。要培养理工科大学生的团队精神，使学生具备良好的协调沟通能力，团队成员之间相互配合，高效率地完成任务。在快速发展的时代中，对创新创业人才的要求也在不断变化，因此需要培养理工科大学生终身学习的能力。学生应该随时随地主动学习，了解日新月异的新知识，适应不断变化的经济社会。要培养理工科大学生的抗挫折能力，使其在面对激烈的市场竞争时，具备比他人更强的适应环境的能力，避免在遇到挫折时的一蹶不振。

第三节 国外大学生创新创业教育的发展历程

一、大学生创新创业教育在国外的发展

创新创业教育这个概念是我国提出来的，但它主要是在国外的创业教育基础上发展而来的。一些发达国家的创新创业教育起步较早，美国是第一个实施创新创业教育的国家，随后英国、日本、德国等国家认识到了创新创业教育的重要性，也开始实施创新创业教育，推动了经济的蓬勃发展。

（一）创新创业教育在美国的发展

1947 年，由美国哈佛商学院所开设的课程——新创企业管理拉开了美国高校创业教育的帷幕。1953 年，纽约大学开设了“创业与革新”课程，以培养学生自我创业能力为目的的创业教育在美国兴起。1968 年，百森商学院开设了第一个针对本科生教育的创业学主修专业。1973 年，麻省理工学院等四所高校建立了“创新创业中心”和“技术创新研究中心”等。直到 1983 年，美国德克萨斯州大学奥斯汀分校举办的首届大学生创业竞赛才使高校认识到，创业教育既是一种教育理念，也是一种教育实践。自此，美国高校开始普遍开设创新创业

教育课程。此后每年都会举办创业竞赛，一些新兴的企业从大赛中诞生，并成长为支柱型企业，推动了美国经济的快速发展。美国已经将创业教育纳入国民教育体系，涵盖了从小学到研究生的正规教育，高校还将创业学设置为硕士的主修或辅修专业，并开始培养创业学方面的博士。

（二）创新创业教育在英国的发展

英国是继美国之后较早开展创新创业教育的国家。20 世纪 80 年代，政府为了缓解失业问题，意识到只有提高国民的就业能力才能够从根本上解决就业问题，创业教育开始萌芽。1983 年，英国启动了青年创业计划，为青年创业提供了支持。此后，以培养创业意识和创业技能为目标的创业教育被纳入了英国本科生课程中。1987 年，英国政府开展“高等教育创业”计划，开始了自上而下的创业教育模式。英国创新创业教育从 1999 年制定科学创业挑战计划开始，进入了快速发展的阶段。2001 年，英国政府建立了英国科学创业中心来管理、实施创新创业教育。创业教育的指导思想树立后，英国政府出台了相关法律，设立了创新创业基金会，为创新创业教育的发展铺平了道路。

（三）创新创业教育在日本的发展

日本的创新创业教育是从模仿开始的，在模仿学习中，全民的创新意识和创新能力得到了较大的提升。随着其他发达国家在创新创业教育中取得了较大的成效，日本也意识到了创业教育的重要性。1998 年，日本国会通过了《大学技术转移促进法》，提出了在大学开展创业教育的倡议。2004 年，与创新创业有关的要素成为评价大学的重要指标，创新创业成为日本大学关注的焦点。短短 20 多年的时间，日本的创业教育得到了蓬勃的发展，在创业教育课程、管理、实施等方面都形成了一定的规模，形成了具有其本国特色的创业教育。目前，日本的创业教育主要有针对本科学生的创业教育、与行业协会和当地政府合作的创业培训以及针对高中生的创业教育。

（四）创新创业教育在印度的发展

印度于 1966 年就提出了“自我就业教育”的观念，鼓励学生毕业后自己谋求出路，学生不再是被动的求职者，而是工作岗位的供应者。在 1986 年这一培养目标得到了重视，印度政府在《国家教育政策》中明确要求培养学生“自我就业所需要的态度、知识和技能”。目前，虽然印度的教育规模较为庞大，但大学生的创新创业意识已经逐步得到提升，创业教育初显成效。印度政府还创建科技园、教育园、孵化器等推动高校创业教育，同时高校还建立了创业中心，指导学生创新创业，使师生的创新成果能够实现产业化。印度人在美国硅谷创办了众多企业，在硅谷的印度从业者所占的比例也较大，这都体现了印度创业教育的成效。

二、国外大学生创新创业教育的特点

由于知识经济时代的到来对世界政治和经济等多方面产生的影响，世界许多发达国家都认识到了创新创业教育的重要性，纷纷对创新创业教育进行改革。各个国家的发展历史、政治背景、经济和文化发展历程都不相同，因此各个国家在创新创业教育改革的具体目标、基本原则、改革重点、实行方案等方面也都不尽相同，呈现出的特征也有所不同。

（一）美国创新创业教育的特点

美国的创新创业教育起步最早，到目前为止已经取得了巨大的成功，形成了较为完整的创新创业体系，具有较为明显的特点。

美国高校的管理者高度重视创新创业教育。美国高校创新创业教育的飞速发展离不开美国高校管理者的高度重视，很多管理者同时也是创新创业教育界的专家。例如，著名的百森商学院的院长 Brown M. Barefoot、教务长 Michael L. Fetters、研究生院院长 Mark Rice 都是创新创业教育界著名的学者。仁斯利尔理工大学的校长 Shirley Ann Jackson 也高度重视创业教育，他在《仁斯里尔规划》中把创业教育放在了十分重要的位置。仁斯利尔 Lally 商学院院长还亲自担任创业教育中心的主任。从这一系列的做法就可以看出美国高校高度重视创业教育，鼓励创业教育的发展。

美国高校拥有高质量的创业教育师资队伍。高校为创业教育的开展配备了雄厚的师资队伍，要求教师拥有专业的创业知识，丰富的创业经验和实践能力。高校还会聘请有过创业经历或者担任过企业外部董事的人员来校进行短期教学，让学生更好地了解创业领域的实践发展趋势和未来发展动态。高校每年还会开展创业教育研讨会，对创业教育的实践进行总结和探讨。与此同时，高校还会对专职教师进行专业培训，提升教师的理论知识和创业实践能力。

美国高校拥有完善的创新创业教育课程体系。高校根据自身的特点建立了适应自己学校的创新创业教育课程体系，课程内容丰富，包括了创业构思、创业融资、创业管理以及相关法律、商业计划书和企业管理等几十门课程。高校创业教学方法灵活多样，还注重实践教学，通过案例教学方法使学生亲身模拟，更好地体验创业实践。高校还建立了创新创业中心和创新创业教育研究会，提升学校创新创业氛围的同时还为师生提供了更好的交流和学习平台，使师生的科研成果能够更好地与企业对接，实现产业化转变。

美国高校拥有丰富的实践教学经验。很多高校通过模拟创业和第二课堂等多种形式让学生有更多的课外实践机会，亲身体验创新创业。美国高校每年还组织各种类型的创业计划大赛，为学生、高校和社会提供一个沟通交流的平台，不仅有利于提升学生的创新创业意识和创新创业能力，同时还能催生出一部分有前景的企业，有力地推动了美国经济的发展。

美国拥有科学的创业教育评价体系。自20世纪90年代初开始，美国的创业专业期刊《商业周刊》《创业者》《成功》等每年都会对大学的创业教育进行评估，其评价内容涉及课程、发表的论文和著作、社会影响力、创新创业教育项目、毕业生创业情况等。评价体系的建立增强了高校间的竞争，有力地促进了高校创新创业教育的开展。

（二）英国创新创业教育的特点

英国高校的创新创业教育历经近20年的推动后，在普及程度、课程设置与活动实践等方面都有了较好的发展，也形成了自己独特的创新创业教育体系。

英国的创业教育是自上而下的创业教育。英国创业教育的发展主要是靠政府的大力推动，英国政府的教育部与技能部、贸工部、财政部这四个部门和首相办公室制定与创新创业教育相关的法律或政策，建立了良好的创新创业教育环境，推动了创新创业教育的发展。同时，英国政府还为创新创业教育的发展提供来自上述四个部门的资金援助，如高等教育创新基金加强了校企合作，科学创业挑战基金为创业教育和知识成果转化提供了资金扶持。英国政府还会联合各种组织机构，为创业教育发展提供各方面的支持。此外，国家创业中心也为英国创新创业教育的发展提供了帮助。英国科学创业中心与全国大学生创业委员会加强了高校与企业的联系，使高校为社会发展和经济增长作出了贡献。

全社会参与的创新创业教育网络体系。地方政府以及非政府组织、企业等组织、高校都对创新创业教育给予了高度重视，并提供了大量的支持。非政府组织鼓励高校和企业界进行交流与合作，帮助大学生提升创新创业精神和创业能力。英国企业为大学生创新创业教育提供了资金支持，同时还参与大学生创业经验交流会，为大学生解决创业方面遇到的困难，提供实习的机会，而同时企业也得到了优秀的人才，增强了自身的竞争力。高校重视大学生创新创业教育，担负起了大学生创新创业教育的重任，建立了大学科技园、孵化器、创业基地等，为学生进行创业活动提供了相关的基础设施和创业指导，为学生搭建了良好的创业平台和人际关系网。

拥有多元且整合的创业课程体系。创新创业教育课程是课程开发、教学方法研究、创业研究、师资建设、课外实践活动等相互合作的网络体系。英国高校会利用互联网进行课程的沟通和交流，高校间相互学习弥补自己的不足。高校的创新创业教育还注意理论与实践的紧密结合，积极开展课外实践活动，提升学生的创业实践能力。英国的创业课程不只针对学生开设，还有针对老师开设的相关课程，旨在提升教师的创业知识和创业经验。

（三）日本创新创业教育的特点

日本的创业教育起步较晚，直到 20 世纪 80 年代末才开始。最初实施创业教育、开设相关课程的学校大约有 30 所，但近年来发展势头迅猛，到 21 世纪初，已有超过 200 所学校开设了相关课程。在短短 20 多年的时间里，日本的创新创业教育取得了较为明显的成效，形成了一定的规模，形成了具有其本国特色的创新创业教育，具有以下几个特点。

第一，日本形成了政府主导、企业和高校辅助的创新创业教育体系。政府在创新创业教育中起着主导型作用，制定了一系列的相关政策，保障了创新创业教育的顺利实施。企业在创新创业教育中起着辅助的作用，为创新创业教育提供资金援助，并向学生提供创业基金和实习机会，为学生的创业成功提供了有力的保障。高校依照相关政策，更新创新创业观念，加强学生的创新创业教育，充分地发挥自身的主体作用。高校还在学生和企业之间搭建了交流平台，实现了企业和学生双赢的局面。

第二，日本的创新创业教育具有地域性。为了实现地域经济的平衡发展，日本高校在开展创新创业教育时会根据地域的特性，利用地域优势促进地域经济的特色发展。在实践过程中，高校会利用地域内原有的产业，结合自己的知识资源，在拥有了开展创新创业教育基地的同时更好地促进地域原有产业的发展。

第三，日本的创新创业教育体系具有连贯性。日本的创新创业教育是一个从小学到大学连贯的体系。从小学开始就重视创新创业教育，他们认为创新意识要尽早培养，才能激发学生未来进行创业活动的意愿。在中学，学校会通过开展各类课余活动培养学生的创新创业能力。在大学阶段，完善的创新创业课程、丰富的创新创业平台都为大学生创新创业打下了基础。可以说，从小学到大学的不同阶段，日本都会针对不同的对象开展不同的创新创业教育。

（四）印度创新创业教育的特点

长期以来，印度政府非常重视对教育的投入。20 世纪 80 年代和 90 年代，印度对教育的投资都超过了其本国 GDP 的 3%。印度全国有 300 多所综合性大学，5000 多所专科学院，涵盖所有学科。新德里大学、尼赫鲁大学、印度管理学院、印度理工学院等著名学府，每年向美国、加拿大、欧洲各国输送大批优秀毕业生。印度大学开办创新创业教育的初衷是缓解就业压力，培养学生的创业技能，为他们毕业后的创业或就业奠定基础，同时提升学生综合素质和就业能力。在印度，有超过 100 所大学开设有创业类课程，约占高校总数的 1/3。印度大学创业教育课程多直接采用国外原版教材，或任课教师自编教材，而这些教材的章节多由专家的论文构成，从根本上保证了创业教育的理论基础。印度的创业课程是通过与其他课程整合而来的，设置在一些课程之内。创业课程的教授由访问教授承担，或者本校教师与访问教授共同承担，这种形式下本校教师讲授理论部分，实践部分由访问教授承担。印度理工院校的创新创业教育特色较为鲜明，理工院校设置了具有完整体系的课程，通过创业项目开展创新创业实践活动，同时每年举办国际商业计划书大赛，培养了大学生的创业精神和创业能力。

三、国外大学生创新创业教育的基本做法

学习和了解各国的创新创业教育模式，对我国进行创新创业教育有着重要的借鉴作用。通过研究和借鉴美国、英国、日本等发达国家在创新创业教育方面的先进做法，结合我国实际，必能探索出适合我国理工科高校创新创业教育的做法。

（一）美国创新创业教育的基本做法

创新创业教育在美国已经非常成熟，开展创新创业人才的培养已经成为推动美国经济发展的主要动力。美国创新创业教育的模式主要包括以下几个方面：

（1）美国高校教育坚持“一个中心、三个结合”，即坚持以学生为中心，课内与课外相结合，科学与人文相结合，教学与研究相结合。美国重视培养学生独立思考、发现问题、解决问题的能力，既重视在学术中的成功，也重视在实践中的成功。美国高等教育在本科阶段大多是自由教育，通常采取实验室和研

讨会的教学形式。在研究生阶段重视基础性课程的教学，通过课程学习对研究生进行系统的科研训练，同时重视能力的培养，通过多种实践方式培养研究生的能力。

（2）美国高校重视跨学科学习。为了改善学生的知识结构和思维结构，美国高校通过各种途径为学生提供跨学科学习的平台。比如，实行主辅修制或双专业、双学位制，为学生提供丰富的主辅修专业课程和交叉学科课程。同时，美国高校还采用不同专业、不同年级学生混住的住宿形式，增强了不同专业学生的交流，有利于不同学科之间的碰撞，从而产生新的想法，完善学生的知识结构。

（3）美国高校重视科研训练和创新创业实践活动。美国高校非常重视学生的科研训练，通过科研训练可以使学生亲身体会理论知识的应用，提升学生的科研精神和能力。同时，美国高校还重视学生的创新创业实践活动，通过组织、参与实践活动不断地提升大学生创新创业精神，有利于学生更好地参与未来的创业活动。

（二）英国创新创业教育的基本做法

英国的创新创业教育有很好的传统，英国高校学生的课余时间较长，课后会组织学生进行讨论会，引导学生自主思考和学习，培养学生的自主学习能力和探索能力。英国的创新创业教育有一些值得我们借鉴的方式：

（1）英国高校教授学科前沿知识。英国高校的专业课程没有统一的教学课本，每个教师都会根据自己的科研经验和科学前沿知识制定适合的教学内容，传授学生大量的学科前沿知识，教学内容更新较快。通过对科学前沿知识的学习，学生能够更好地认知当前学科的发展趋势，为创新创业提供新思路。

（2）英国高校非常重视学生实践能力的培养。英国高校的课程中有大量的实验课程和课程设计，能培养学生的动手操作能力。同时，英国政府还提供创新创业基金，拟定创新创业项目，鼓励每个学生都参与创新创业项目，提高学生运用理论知识解决实际问题的能力和创新创业能力。

（3）英国高校重视学生开放性思维的训练和培养。教师采用探讨式、启发式的教学方法来培养学生的开放性思维，使学生能够更好地适应日益变化的社会。英国高校还实行导师制的培养模式。实行导师制有利于针对不同的学生因材施教，保留和发挥每个学生的个性特点，使每个学生的优势都得到培养。

（三）日本创新创业教育的基本做法

日本二战后经济迅速崛起，曾涌现出松下幸之助、盛田昭夫等一大批优秀的企业家，形成了具有日本特色的企业文化和企业家精神，而且带动了日本创新创业的浪潮，实现了经济的飞速发展。而在日本企业家精神的传承和发展中，高校具有不可替代的重要地位。日本高校创业教育是以培养企业家精神为核心目标，同时高度重视科研训练，通过参与企业实验室进行科研训练，“工业实验室”在某种程度上已经代替大学成为主要的科研中心和研究生教育基地。日本高校还积极地开展创造性教育活动，在学生掌握了基本的专业知识后，通过创造性的教育课程激发学生的探索能力和创新能力。

创业教育在日文中的表述为“起业家教育”，也被翻译为“企业家教育”。美国百森商学院的蒂蒙斯教授认为，真正意义上的创业教育，应该是着眼于为未来的几代人设定“创业遗传代码”，以造就具有革命性的创业一代，作为其基本的价值取向。可见，培养企业家精神是日本创业教育的出发点和落脚点[1]。在日本，“创业教育 = 企业家精神教育 + 创业家资质能力开发”。早稻田大学大江建教授认为“企业家精神教育”应该培养具有企业家素质和能力的人才，而不仅仅是培养企业家。可见，企业家精神教育具有普遍性，而非针对特定人群，其教育结果在于提升国民的挑战精神，调动国民的积极性、创造性，激发国民的自信心、探究心。日本企业家精神的培养聚焦于合作精神、进取精神和学习精神三个方面。

日本高校创业教育以创新为灵魂。日本人具有与生俱来的生存危机意识，同时具有很强的文化包容精神，对于一切有益的外来事物都持学习的态度。以京都大学为例，该校被誉为亚洲最有成就的以科研为主的大学，建校以来产生了多位诺贝尔奖获得者，其校训是“自主学习”，注重批判性教学，注重培养学生的独立思考能力和创造精神，学生在低年级就可以选择专业以外的领域进行学习和研究。学校崇尚自由宽松的学术氛围和严谨务实的学风，创新文化成为校园文化的主流。

日本高校创新创业教育注重跨学科研究和产学研结合。以东京大学为例，知识的交叉融合是东京大学开展科学研究的一个重要指导理念。东京大学前校长小宫山宏在21世纪“卓越研究基地（Centers of Excellence，COE）”计划中曾指出，知识交叉的场所是新知识生产的土壤。东京大学的28个COE计划都

[1] 向东春、肖云龙：《美国百森创业教育的特点及其启示》，《现代大学教育》，2003年第2期。

是跨学科研究项目[1]。2001 年 6 月，日本文部省发布了《为了以大学为起点的经济活性化的构造改革计划》。2004 年，东京大学提出了产学合作的基本方针，明确了把产学合作作为学校知识生产的基础。

日本高校非常重视将创业计划竞赛作为检验学生创业教育成效的重要手段。以早稻田大学为例，该校自 1998 年起开始举办创业计划大赛，并于 2002 年开设了早稻田大学风险论坛，征集并选拔优秀创业计划。东京大学则于 2005 年开始组织实施支持学生创业的教育项目——“创业者道场”。目前，这一项目正朝着向大学生普及的方向发展。通过系统培训、大赛实操，为激发大学生创新创业潜力、培养企业家精神发挥了积极作用。[2]

[1] 陈艾华、邹晓东：《日本研究型大学提升跨学科科研生产力的实践创新——以东京大学 GSFS 为例》，《高等工程教育研究》，2012 年第 5 期。

[2] 张莉鑫:《日本高校创业教育及企业家精神培养的分析与借鉴》,《北京教育(高教)》, 2015 年第 11 期。

中　篇

探索篇

第三章
第一课堂：理工科大学创新创业教育的培育基础

创新与创业是一种意识，是一种能力，更是一种精神。在大学生中开展创新创业教育，是适应知识经济发展、拓宽学生就业渠道、构建国家创新体系的重要一环。开展创新创业教育，需要将创新创业教育理念融入人才培养的全过程，形成创新创业教育培养的体系。

理工科大学在教育教学改革中，应结合自身学科的特点和优势，将创新创业教育纳入人才培养方案，构建具有独特学科特色的创新创业教育体系，强化学生的创新意识，进一步带动学生的创业热情。理工科大学的学科特点，使其在培养学生方面更重视应用研究、产品设计等能力的培养。在理工科大学生中开展创新创业教育，要求高校更加强化学术和技术的创新，从课程体系、教学内容、教育方法、师资队伍建设等多方面进行尝试和探索，促使大学生在创新创业意识、创新创业能力、创新创业精神方面不断提升，并最终承担起理工科大学对科技型创新人才培养的使命。

第一节　以课程教学为基础的理工科大学创新创业教育实践

在当下的中国，创业被认为是最强大的经济助推力，创业活动也从商业领域不断扩展到社会创业层面。在创业型社会背景下，中国高校积极回应时代新要求，上海财经大学、北京大学、南开大学、同济大学、电子科技大学等高校纷纷成立创业学院，还有些高校甚至将创业课程设定为全校学生必修课。

为了提高理工科大学生创新创业方面的能力和素质，高校应首先将创新创业课程作为开展创新创业教育的基础。理工科大学在开设相关课程时需要充分融入创新理念，构建一套完整的创新创业实践教学体系，充分开发创新创业实践类课程，以适应理工科大学生创新意识强、专业知识完整、善于动手实践等特点。学校要引导大学生一边学习专业知识，一边从事科研、创新实践，促进大学生创新创业能力的提高。传统的课程设置有一定的局限性，容易忽视学生在学习中的主体作用，因此，在设置创新课程时，需要与时俱进，运用新理念来设置课程，将教学重点放在对大学生实践能力的培养上，努力营造一个轻松愉悦的教学环境。教学的最终目标是使理工科大学生能够不断强化自身的创新创业能力，使其不仅能够解决问题，而且能够创造性地解决问题，让大学生能够灵活地运用知识，适应市场需求，主动与产业结合，充分发挥专业优势。

一、理工科大学创新创业教育课程教学的内涵及意义

2010 年 5 月 4 日，教育部向各地下发了《关于大力推进高等学校创新创业教育和大学生自主创业工作的意见》，明确要求高校把创新创业教育纳入专业教育和文化素质教育教学计划和学分体系。这个文件的出台不仅让我们认识到了实施创新创业教育的价值，也加快了高校实施创新创业教育的步伐。如何实施创新创业教育是高校面临的一个重要课题，创新创业教育成功实施的关键取决于创新创业教育课程体系的构建。

2015 年 12 月，教育部印发《关于做好 2016 届全国普通高等学校毕业生就业创业工作的通知》，要求从 2016 年起，所有高校都要设置创新创业教育课程，对全体学生开设创新创业教育必修课和选修课，纳入学分管理。

【扩展阅读】

2015 年 12 月，教育部下发了《关于做好 2016 届全国普通高等学校毕业生就业创业工作的通知》，其中针对创新创业教育方面提出了具体的政策要求。

第一条第一款，要求着力加强创新创业教育和自主创业工作，加快推进创新创业教育改革。

各地各高校要把提高教育质量作为创新创业教育改革的出发点和落脚点，根据人才培养定位和创新创业教育目标要求，促进专业教育与创新创业教育有机融合。从 2016 年起所有高校都要设置创新创业教育课程，对全体学生开发开

设创新创业教育必修课和选修课，纳入学分管理。对有创业意愿的学生，开设创业指导及实训类课程。对已经开展创业实践的学生，开展企业经营管理类培训。要广泛举办各类创新创业大赛，支持高校学生成立创新创业协会、创业俱乐部等社团，举办创新创业讲座论坛。高校要设立创新创业奖学金，并在现有相关评优评先项目中拿出一定比例用于表彰在创新创业方面表现突出的学生。

第四条第十六款，要求推动高等教育更好适应经济社会发展需要，进一步优化高等教育结构。

围绕国家和区域经济社会发展需求，优化院校布局、学科专业布局和人才培养机制，提高教育教学质量。鼓励具备条件的普通本科高校向应用型转变，加快应用型、技术技能型、复合型科技创业人才培养。进一步完善专业学位研究生教育体系，扩大培养规模。建设现代职业教育体系，推进产教融合、校企合作，推进高职院校开展现代学徒制培养。

（一）理工科大学创新创业教育课程的内涵

创新创业教育是开发、提高学生创新创业基本素质，培养创新创业意识，形成创新创业能力的教育。[1] 它是素质教育的一个重要组成部分，以发掘人的创新创造潜能，弘扬人的主体精神，促进人的个性和谐发展为宗旨，通过对传统教育模式的扬弃，探索和构建一种新的教育理论与实践模式，并使之不断完善。在实施创新创业教育的过程中，创新创业精神的培养是创新创业教育的核心，创新创业能力的培养是衡量创新创业教育成功与否的标准。创新创业教育要面向全体学生，融入人才培养全过程。

理工科大学创新创业教育课程特指，在理工科大学中，有计划地为培养学生创新创业精神和提高其创新创业能力所组织的一系列教育教学活动。实施创新创业教育，课程是有效载体，因此合理设置创新创业教育课程是关键。创新创业教育课程体系需要依据培养目标来构建，理工科大学创新创业教育的培养目标需要根据社会发展和学生的身心发展来制定。社会发展需要学生具有社会责任感、创新精神和创新意识，而大学生的身心特点则需要创业者还要具有足够的心理素质、良好的学习意识和习惯。另外，针对有创业意识的大学生，还应特别关注其领导力、独立生活工作的能力、社会适应能力等综合素质的培养。

[1] 许小花、张鸽：《高校创新创业教育及课程体系构建》，《中国电子教育》，2012 年第 1 期。

通过将创新创业教育所设置课程的各个构成要素加以排列组合，使各个课程要素在动态过程中一致指向课程培养目标，从而构成一套完整的创新创业教育课程体系。创新创业课程体系是实现培养目标的载体，是保障和提高教育质量的关键。理工科大学创新创业教育的课程体系构建要从其培养目标出发，遵循三项原则：首先，突出专业特色，创新创业类课程的设置要与专业课程体系有机融合；其次，理论联系实际，创新创业实践活动要与专业实践教学有效衔接；最后，专业教育与人文教育相结合，在专业教育和学科教学中渗透创新创业教育，构建一个多层次、立体化的课程体系。

（二）理工科大学创新创业教育课程体系的内容

1. 创新创业教育课程

理工科大学在设置专业人才培养方案时，比较注重培养某一专业领域的研究型或应用型人才。以往，在创新创业课程体系构建中，更加突出专业领域知识和技能的培养，即使在融入了创新创业教育理念后，也只是在创新创业意识、精神和方法层面加强了引导和启发，在专业知识和技能与创新创业的结合上给予了更多的联系和相融，而在创新创业素质、知识和能力等的培养方面，缺乏系统性和全面性。[1] 从这个角度来看，理工科大学创新创业课程体系的建立，必须涵盖创业时所需要的系统的和具有行业特点、专业特征的专业知识，还必须涵盖创新意识所需具有的创新理念、广泛适用的通识教育内容。由此可以看出，理工科大学创新创业的课程是一个综合、系统的体系链。

在专门的创新创业课程体系中，提高结合行业特点的专业课程的比例，将其作为相关专业的必修课；而通识教育课程中，可以结合专业有选择地纳入必修课或公选课，课程的设置一定要与专业教育相辅相成、有机融合。

2. 专业教育课程

针对创新创业的课程体系，专业教育的课程往往要与创业项目所在的行业相结合。比如，湖南大众传媒职业技术学院就“数字出版领域创业人才”的培养，针对学校出版发行专业学生的社会责任感和新闻出版素养的提升等方面开设了《出版物市场调查与分析》《出版物营销》《出版选题策划》《出版项目策划》等课程。[2]

---

[1] 李平媛：《将创新创业教育融入人才培养全过程的思考》，《创新与创业教育》，2013 年第 4 期。

[2] 唐乘花、叶奕：《数字出版“一体两翼”创业人才培养路径探析》，《创新与创业教育》，2012 年第 4 期。

理工科大学在这方面的探索尤为艰难，由于学科所对应行业对专业教育的学术要求更高，因此在课程标准、教学内容的实施上缺乏统一的要求。在这一点上，西方国家给了我们学习和借鉴的经验，但是创新创业教育要实现本土化，还需要充分结合我国国情、校情来开设专业教育课程。

由于我国高校创新创业教育起步较晚，创新创业课程还缺乏统一的课程标准，教学内容的实施差异也很大，因此，尽快创建专门的创新创业教育课程体系，是普及高校创新创业教育的根本保证。同时，深入学习借鉴西方国家创新创业教育的有益经验，在实践中不断摸索、总结、创新，最终创建符合我国国情、具有中国高校特色的创新创业教育模式。

3. 通识教育课程

目前，我国高校开设较普遍的具有代表性的通识教育课程或创新创业理论课程大致有：创业基础、创业管理、新创企业战略管理、创造学、KAB 创业基础、SYB 创业培训、企业管理、人力资源、市场营销、财务管理等。这部分课程可以有效地提供在创新创业教育过程中需要学生掌握的创新理念和思维方式。通识教育课程的补充，一方面可以为创新创业教育提供更多的内容，另一方面可以满足创新创业的学生对实际实践中的专业外需求。

专业教育能够提供专业知识和技能，但是管理能力、人际交往能力等策略和方法，是专业教育所不能提供的。创新创业的人才非常需要这部分能力，因此，在理工科大学创新创业课程体系设计中，尤其需要注重这部分内容的覆盖面和影响力。对于创新创业教育，通识教育课程在创新创业课程体系中的重要作用就突显出来了。无论是作为必修课程还是选修课程，通识教育课程的内容都可以为创新创业教育提供有益补充，因为其目的就是提供全方位的创新创业教育平台，既满足面向全体学生进行创新创业教育的要求，同时，对于那些有着强烈创新创业欲望的学生，又达到了全面系统的创新创业教育的供给。

（三）创新创业教育课程与理工科大学各类课程的关系

1. 创新创业教育课程与专业课程

创新创业教育与专业教育的课程之间是相互补充又相互不可取代的关系。从内容上来说，两者之间各有侧重：专业教育课程的内容偏向知识结构的具体细节，具有深而窄的特点；创新创业教育的内容涉及知识面广，与专业课程的涉及面窄形成相互补充。从传递理念来看，创业教育课程是专业课程的有益补充。专业课程更注重专业的知识掌握和实践运用条件；创新创业教育课程则为学生提供开创意识、技能和精神，促进学生运用开拓性的思维，批判地继承专业知识，并且更好地领悟和吸收专业知识。不过，专业课程始终是学生在校学习的知识结构中的重要组成部分，无论学生是否走上创业的道路，他们都仍然需要具有扎实的专业知识。如果没有一定的知识储备，只是具有开创精神，那么依然无法到达成功的彼岸。

2. 创新创业教育课程与通识教育课程

创新创业教育课程因为自身内容和性质的不同，与其他通识教育课程表现出既依赖又独立的关系。

创新创业教育课程依赖于其他通识教育课程。创新创业教育课程资源有两大来源：一是依托专业课程资源开展，提供专业性的课程教育；另一个则是依赖于日常思想政治教育引导，或职业生涯规划教育等通识教育课程资源，为学生提供从知识报国转向事业报国的理念。同时，创新创业教育课程还需要广泛涉及政治、经济、管理、法律等多方面的知识内容，这些知识储备有赖于通识教育课程提供。特别是语言文化、政治经济、计算机应用、自我修养等，仅凭专业教育课程或者创新创业教育课程，远远不能满足具有创新创业意愿的学生的需要。

其他通识教育课程依赖于创新创业教育课程。通识教育为学生提供的是各个学科的知识内容和价值观，如何将这些知识点组织起来，变成综合的知识，并能够激发学生通过实践活动进行商业转化，这些都需要创新创业教育课程来实现。特别是在创新创业教育课程中会提供各类的创新创业实践活动，这些都是提供给学生将理论和实际相结合的宝贵机会。通识教育课程内容的价值实现依赖于创新创业教育课程。

创新创业教育课程又是一门独立的课程。创新创业教育课程中固然会涉及政治、经济、管理、法律等多方面的知识内容，但是这些知识内容本身并不足以构成创新创业教育的完整谱系，更不能够替代创新创业教育课程。这是因为，政治学、经济学等学科，其课程目标旨在传递学科内涵，并提供给学生分析政治、经济、文化现象及背后成因的思路，甚至提供一些解决现实社会中存在问题的方案。而创新创业教育课程涵盖这些内容，是希望通过知识体系的完善，培养学生跨学科思考策略的能力，提高学生开拓创新的意识，使个体更好地适应社会环境，增强创业的能力。

（四）理工科大学开设创新创业教育课程的意义

开展创新创业教育是为了适应知识经济时代经济、科技、文化的发展对创新人才培养的要求，是从当前我国高校毕业生就业压力大的现实需要出发，为推进经济可持续发展与解决毕业生就业难问题而提出的重要政策措施，有助于促使高校转变人才培养思路，加大创新性、创业型人才的培养力度，以适应和推动创新型国家的发展，提升我国的综合竞争力，具有重大的现实意义和长远的战略意义。理工科大学肩负着国家科技创新的重要职责，在理工科大学开展有针对性的创新创业教育，无疑具有更深远的意义。

首先，理工科大学开展创新创业教育具有重要的现实意义。随着素质教育的推行，高校的人才培养模式经过了一轮深刻的变革。而在新时代下，高校的人才培养迫切需要结合社会发展的需要继续深化革新。创新创业教育的实施，本质上是人才培养模式的又一次新变革。如前文所述，创新创业教育的课程设置需要注意将专业教育课程、通识教育课程、创新创业教育课程三者进行有机结合。因此，高校在具体实施创新创业教育的过程中，需要不断根据实际情况调整课程体系，努力将学生的知识结构进行优化，特别是关于创新创业的思想、观念、理论等，要内化入学生的知识结构中。

理工科大学开设创新创业教育的课程，是为了在“大众创业、万众创新”的国家发展战略中，培养时代所需要的人才。开设创新创业课程将让所有学生获得创新创业的基本能力。期待更多的大学生常思创业创新，强化创新精神、创业意识和创新创业能力，真正在学习中体现生命的活力，在创业创新中突显人生的价值。

其次，理工科大学开展创新创业教育具有重要的战略意义。创新是中华民族发展的不竭动力，提高自主创新能力则是实现建设创新型国家目标的根本途径。我国创新能力的各个方面都在快速进步，而且在某些方面具有其他国家难以企及的优势，如丰富的人力资源、充裕的资金保障。近年来，随着我国自主创新能力日渐提高，在科技领域取得了重大突破，如举世瞩目的载人航天工程、“中国集成芯片”等突破都标志着我国在高端技术领域已取得瞩目的成就，但这些成果与我国自身经济发展的需要相比，与发达国家相比，还有很大差距，特别是核心技术、自主知识产权等领域的乏力，使我国经济至今没有摆脱“高投入、高消耗、高污染、低效率”的增长方式。资源、环境、经济增长的矛盾长期存在，压力日益增长。由于过度依赖技术引进，缺乏核心技术自主创新，使我国经济长期处于“低端产品生产国”的地位，国内很多地区都是国际知名产品的加工或组装基地，而非产品技术研发基地，在国际上被称为“世界工厂”。

如果我们不能在自主创新上取得突破性进展，不能形成中国特色的自主创新体系，不能具备较强的自主创新能力，我国经济发展的成本将越来越大，在日趋激烈的国际竞争中将越来越被动。

第三，理工科大学肩负教育、科研和技术辐射的天然使命。20 世纪 50 年代以来，以美国斯坦福大学为中心的“硅谷”迅速崛起，成为美国半导体和计算机的重要基地，也是美国近半个多世纪发展核心技术支撑之源。还有一个例子，美国近年来风行的“木匠教学法”也值得我们学习借鉴。[1] 其实，“木匠教学法”很简单：给孩子们一些木块和量尺，由他们去量木板的长、宽、高，然后拼造一些简单的物体。这样使学生在实际操作中认识了尺子的用途与使用方法，也理解了线段长短间的加减关系，而教师只是布置任务和解答孩子们在动手劳动中遇到的种种问题。“木匠教学法”——这种“创造力教育”方法之所以能成功，就在于它极大地锻炼了孩子们自我发现问题和亲手解决问题的能力，而不是按教师事先规定的方法去做，从而给了孩子们充分的机会发展他们的想象力与创造力。

世界科技发展的实践告诉我们：一个国家只有拥有强大的自主创新能力，才能在激烈的国际竞争中把握先机、赢得主动。特别是在关系国民经济命脉和国家安全的关键领域，真正的核心技术、关键技术是买不来的，必须依靠自主创新。而建设创新型国家、创新型城市，迫切需要全社会营造有利于创新型人才脱颖而出的社会氛围、制度设计和具体举措。理工科大学必然要肩负起国家科技创新的使命，这也是国家发展的战略需求。在理工科大学开展创新创业教育，就是将创新的理念、思维、方法进行系统传授，进而影响大学生目标的确立、价值的取向以及职业发展的选择，具有重要的战略意义。

【扩展阅读】

党中央、国务院高度重视高校创新创业教育工作，党的十八大和十八届三中全会作出重要部署，中央领导同志多次作出重要指示。教育部会同有关部门认真贯彻落实，在深入总结经验、广泛听取意见的基础上，反复修改完善，形成了《关于深化高等学校创新创业教育改革的实施意见》(以下简称《实施意见》)，并于 2015 年 5 月由国务院办公厅下发。《实施意见》的总体要求部分明

[1] 程正则：《大学物理教学的创新研究》，华中师范大学硕士学位论文，2005 年。

确了深化高校创新创业教育改革的指导思想、基本原则和总体目标，提出了9项改革任务，30余条具体举措，并强调下一步关键是抓好贯彻落实。

深化高校创新创业教育改革，是国家实施创新驱动发展战略、促进经济提质增效升级的迫切需要，是推进高等教育综合改革、全面提高高等教育质量、促进高校毕业生更高质量创业就业的重要举措，对于推动高等教育教学改革创新，促进高等教育与科技、经济、社会紧密结合，加快培养规模宏大、富有创新精神、勇于投身实践的创新创业人才，为建设创新型国家、实现“两个一百年”奋斗目标和中华民族伟大复兴的中国梦提供强大的人才智力支撑，具有重要意义。

二、国内外创新创业课程教学的发展现状

（一）国外创新创业课程教学的发展

1. 创新创业教育理念的萌芽

在国外，并没有“创新创业教育”这一概念，由于受到政治、经济、文化和教育制度的影响，创新的理念已经很好地融入创业教育的理论与实践中。美国是最早兴起创业教育研究和实践的国家。创业教育方面的经典著作有《全球创业研究和创业教育的开拓者》，美国百森学院蒂蒙斯（Jeffry A. Timmons）教授的创业学经典丛书《创业者》《战略与商业机会》《资源需求与商业计划》《创业企业融资》《快速成长》等，Howard H. Stevenson 等著的《新企业与创业者》，这些著作为创业教育的开展奠定了基础。

2. 创业教育入门课程

在创业教育课程的研究和开发方面，美国哈佛大学最早实施了创业教育课程，1974年，他们在MBA教学中最先开设了创业课程——新创企业管理。截至2003年，美国共有1600所高校开设了2200多门创业课程，创办了44种相关英语学术刊物以及100多个创业研究中心。[1] 其中不乏斯坦福大学、百森商学院等后来世界知名的培养商业人才的大学。

而这些课程的设置多数围绕“创业入门”[2] 来展开，如机会识别、融资、创

---

[1] Katz, J. A. The Chronology and Intellectual Trajectory of American Entrepreneurship Education: 1876–1999, *Journal of Business Venturing*, 2003, 18: 283–300.

[2] Plaschka, G.R. & Welsh, H.P., Emerging Structures in Entrepreneurship Education: Curricular Designs and Strategies, *Entrepreneurship Theory and Practice*, 1990, 14（3）: 55–71.

业计划、案例学习等。芬克尔（2006）关于全美创业中心的调查显示，最主要的本科生创业课程有创业入门、创业计划发展、创业融资、小企业管理等，最主要的研究生创业课程有创业计划发展、创业入门、创业融资等。[1] 在这些入门课程的基础上，高校从已有的创业课程中产生新课程或者将创业课程与其他学科相结合产生新的课程。

3. 创新创业教育的实践改革

目前，国外常用的创业教育教学方法包括：讨论、商业计划、校外专家讲座以及创业案例研究等。随着研究的深入，一些新的教学方法开始出现。美国贝勒大学教授南希·厄普顿（Nancy Upton）建议，在创业教育课程方面，应该“考虑学生的心理需要来组织课程。具有创业思维的学生是独立的个体，不喜欢受到限制，他们有能力进行独创性思考，尤其在模糊和不确定的条件下。他们需要更好地发挥沟通技巧，需要清楚地知道别人如何感知他们的行为。因此创业课程不应该严格地组织，而是在模糊和有风险的环境下向学生呈现现实的创业问题，从而鼓励学生进行独立的思考”。

高校创业计划竞赛，在一些发达国家已经成为比较成熟的创业教育手段。美国的一些著名高校，如麻省理工学院、斯坦福大学等，每年都要举办高校创业计划竞赛。这些竞赛已经成为信息经济时代美国经济的直接驱动力量之一。每年都会有一些大赛的创业计划和创业团队脱颖而出，被有眼光的高新技术企业以上百万美元的价格购买或聘用。在韩国，大学生创办企业大致有两种方式，一是依靠学生自己组织的“创业同友会”创办，二是依靠各大学的“创业支援中心”。目前，韩国已有 25 所大学成立了创业支援中心。[2]

（二）我国创新创业课程教学的发展

1. 我国创新创业课程教学的现状

我国创新创业教育是在创业教育的基础上发展起来的，起步较晚。如《创业教育系列丛书》《创业教育的目标、课程与评价》等书籍，分别对创业教育的目标、课程设置、继续教育领域，实施创业教育、素质教育与创业教育、创业教育实验等问题进行了有益的探索，总结和反映了创业教育实践中的主要理论

[1] Finkle, T.A., Kuratko, D.F. & Goldsby, M.G., An Examination of Entrepreneurship Centers in the United States: A National Survey, *Journal of Small Business Management*, 2006, 44（2）: 184–206.

[2] 李一中：《国内外创业教育研究综述》，《高校社科动态》，2009 年第 2 期。

问题，并为创业教育学的诞生奠定了良好基础。[1]

据教育部统计，截至 2015 年，中国已有 82% 的高校开设了创新创业教育的必修课或选修课，开设创业教育的课程门数比上一年增加了 14%；设立的创新创业资金达到了 10.2 亿元，吸引校外资金达到了 12.8 亿元。高校设立的创业基地数量也增加了 18%，场地面积增加了近 20%，大学生参与创新创业活动的人次达到了 300 多万。

随着教育部 9 所创业教育试点院校的建立，各高校在试点报告中介绍了他们开展创业教育的经验和特色。如前文介绍，我国创业教育已经形成了三种模式。现在未进行试点的高校虽然没有明确的创业教育的课程设置，但是在实践中正逐步渗透创业教育的理念。如复旦大学以育人为中心，形成了一套"在校生创新精神、实践能力和团队精神培养——毕业生创业指导——创业团队创业过程扶植"的模式。[2]

深入开展创新创业教育，是加快实施创新驱动发展、推动高等教育改革发展及高校毕业生更高质量创业就业的需要。为此，要推进创新创业教育和自主创业，高校需加强人才培养与社会需求之间的协同，深入开展创新创业教育和实践活动，加大创新创业场地建设和科技投入，同时要为毕业生提供精准的项目对接、产权交易、政策宣传等相关服务。

目前，我国在创业课程教学方面还需要推出一系列的举措来适应高校大学生创新创业的需求。例如实行弹性学制等具体措施，支持参与创业的学生转入相关专业学习。

2. 创新创业教育的课程设置

课程设置决定了教育培养中如何搭建学生的知识结构，所以被认为是高校实施创新创业教育的关键一环。但是我国的创新创业教育还处于初期，缺乏成熟的课程体系，特别是相关教材的缺失，使创新创业课程设置处于摸索阶段。

部分走在前面的院校已经开设了与创新创业教育相关的课程，如"创业管理""商业计划书""企业家精神"等，但是这些课程的设置显然还远远不能满足创新创业教育本身的发展需要。

借鉴国外创新创业方面的课程设置，并结合我国国情，目前国内高校开发

[1] 王树生：《创业教育研究》，东北师范大学博士学位论文，2003。

[2] 楼稚明：《创业教育——高校思想政治教育的新内容》，南开大学硕士学位论文，2008 年。

的创新创业教育课程在原来注重培养学生创新创业意识的基础上，继续加强实用性方面的内容。例如，有的高校组织优秀教师编写了大量教材教案，设立了创新创业课程学分等；有的高校建立了创新创业教育的独立教学体系和组织；有的高校建立了创新创业教育的实践教学机构；还有的高校设立了专门的创新创业项目，等等。总体而言，课程设置可以总结为创新创业教育课程的基础平台、能力平台和实践平台。[1] 具体情况见表 3–1。

表3–1 创新创业教育课程

课程平台	类型	主要学习内容	课程目标	可开设的课程
创新创业教育课程基础平台	意识类	创新思维、创意激发、商业机会判断、机会评估、职业生涯规划	面向全体学生，培养学生的创新意识、创业精神，促进学生心理特质的形成	创业学、创意思维概论、大学生职业生涯规划等
	知识类	创新战略、市场营销、风险投资、合同与交易、电子商务、税务制度、知识产权	丰富学生的创新创业知识，为以后更进一步从事创新创业实践和研究工作打下扎实而坚固的基础	新企业创立、创业融资、风险资本、小企业管理、公共管理学、技术创新管理等
创新创业教育课程能力平台	能力类	通过专业市场调研、了解专业优势与发展前景，学生的就业方向与职业发展道路，掌握职业所需的创新创业能力，专业典型创新创业案例分析，专业领域前沿问题的创新性研讨	优化课程体系和结构，培养学生基于专业知识的创新创业能力	专业市场调研、基于专业的创新创业能力训练、典型创新创业案例分析、专业领域前沿问题的创新性研讨等
创新创业教育课程实践平台	实践操作类	制定商业计划书、项目管理、模拟创新创业实践	在专业实践环节中融入创新创业活动，积累创新创业经验，提高综合实践能力	学科专业竞赛、模拟创业、商业计划书、专业创新创业项目等

【扩展阅读】

浙江大学在创新创业课程教学方面，注重与教育教学改革相结合，强化学

[1] 张鸽：《高校创新创业教育及课程研究——以陕西省高校为例》，西安电子科技大学硕士学位论文，2012 年。

生实践能力的培养。该校构建了P3实践教学体系，以课程实践（PC）、专业实践（PS）、产业实践（PK）三个层面的联动与融合，强化课程内、课程间和专业间三维实践训练的逻辑联系和系统性，在各专业普遍开展实践活动，强化实践训练，实现验证式实验向研究型实验的转化，学习体验式实践向综合探索式实践转化，封闭实践体系向开放实践体系转化，更好地培养学生的批判思维和解决问题的能力。该校教改项目“P3特色实践教学体系构建与创新实践”获省教学成果一等奖，带动了校内一批大型专业实践项目，得到省市、团中央等各级领导的广泛关注。

3. 我国创新创业教育课程开展的现状

从总体上看，目前我国的创新创业教育还处于起步阶段，理论研究和实践教学与欧美发达国家相比还存在较大差距。目前，创新创业教育的不足主要表现在以下三个方面：

第一，创新创业教育的意义需进一步加强。虽然创新创业教育在某些程度上来说与素质教育的本质是相通的，但是创新创业教育作为国家发展战略的重要推动举措，具有其独特的地位和作用。在素质教育中对学生的创造力要求是隐含的，相对不那么明确；而在创新创业教育中，将学生的创造力作为主要培养目标进行了着重要求。建设创新型国家就要培养创新型人才，培养创新型人才就要实行有利于培养创造力的教育。在这个意义上，创新创业教育应成为指引当代教育的一种新理念。

第二，创新创业教育课程设置还处于探索阶段。当前，各高校创新创业教育的开展，在培养方案的设计、教学环节的设置、教材的选用等方面都显得比较随意，缺乏课程设置的整体性和规范性。例如，很多高校都将创新创业课程纳入人才培养方案之中，但是却在教学环节中只有创新创业教育的理论学习而缺失实践操作的环节，这就使得很多教育方案停留于表层，学生很难有较大收获。在教材的选用上，国内非常缺乏本土化的优质教材。因此，借鉴国外的教材作为教学资料，表现出了主观的随意性，缺乏学科性、系统性和严谨性。

【扩展阅读】建议教学参考书

[1] 申健强等主编：《大学生就业与创业指导教程》，人民邮电出版社，2013年。

[2] 张浩明:《大学生创业能力提升与模拟实训及就业指导使用手册》，中国青年出版社，2010 年。

[3] 姜荣国:《创业导论》，电子工业出版社，2010 年。

第三，师资力量薄弱，教师缺乏实践经验，教育浮于浅层。创新创业教育要求相关教师既要有广博的理论知识，又要有丰富的社会阅历或者一定的创新创业实践经验。然而，目前我国高校创新创业教育方面的专业教师队伍不仅数量不足，而且知识结构不能满足创新创业教育多学科结构的要求。部分高校在这方面进行了探索，高标准配备专兼职教师，但是由于缺乏系统的教师素质提升的建设计划，使得创新创业导师人才库处于较低层次，无法通过专业的教师团队来开展创新创业教育。还有些高校，采用校内外教师专兼职的方式弥补师资水平不足的现状，比如校内教师开展理论课程，再聘请企业专家担任兼职的校外创新创业导师，以扩展实践操作层面的培养环节。

这些问题是国内高校创新创业教育起步阶段必然面对的问题，但是也在很大程度上制约了创新创业教育的发展进程。因此，针对这些特点，我国高校大学生创新创业教育课程的目标应该更加集中于培养创新创业意识、提高创新创业能力、增加创新创业实践。

【扩展阅读】课堂上能教会创新创业吗[1]

大学是否需要创业课

“现在，创新创业这么火，我们当然也想学习一些与此有关的知识。”虽然只在大学“待”了一个学期，刚刚对学校有所了解，但陕西师范大学学生胡晓光依然对创业课充满期待，“平时学校会有一些创新创业的讲座，我也会去听，但是总感觉不成体系，甚至有点杂乱无章。如果真能开设一门课程，肯定非常好”。

“在不加重学业负担的情况下，我支持开创业课。但是，创业都是脚踏实地干出来的，听几节课、做几套题恐怕效果不大吧。”山西大学大三学生刘亮（化名）道出了自己对创业课教学效果的担忧。

---

[1] 晋浩天：《课堂上能教会创新创业吗》，《光明日报》，http://edu.people.com.cn/n1/2016/0215/c1053-28123647.html，2016 年 2 月 15 日。

在天津外国语大学国际商学院创新创业中心主任李名梁看来，开设创新创业教育课程，是对“大众创业、万众创新”的国家发展战略在高等教育领域应尽早生根发芽所作出的即时回应。

“在创业者群体大众化的当下，大学生成为创新创业主体的可能性明显增大，因此，高校开设创新创业课程很有必要。”南开大学商学院院长、创业研究中心主任张玉利表示。

开创业课，重在培养能力

“其实，开创业课，与你创业与否关系不大，它更注重学生能力的培养。”北京师范大学高教所教师杜瑞军指出，创新创业能力的培养与实际的创业需区别对待。“开设创新创业课程，不是直接让学生创业，而是让所有学生获得创新创业的基本能力。因为，创新精神、创业意识和创新创业能力是评价人才培养质量的重要指标，对学生发展与适应社会等起到了重要作用。”

“创业，是在资源高度约束、不确定性极强的前提下的假设验证性、试错性、创新性的快速行动机制。创业需要实践，需要不断地试错。目前高校，特别是研究型大学，开设创新创业类课程的动力正来自于此。”张玉利说。

他还告诉记者：“几年前，在为教育部高教司论证高校开展创业教育基本要求文件阶段，我们专家组普遍认为，开展创业教育有助于培养学生善于思考、勇于探索的创新精神，善于合作、懂得感恩的道德素养，面对困难和挫折不轻言放弃的执着态度，创造价值、回报社会的责任感，和服务国家、服务人民的理想抱负，等等。这是创业者的品质和价值观，与高校倡导的素质教育、立德树人的培养目标高度契合。”

李名梁指出，高校开设创新创业课，可以不断丰富、改进和完善我国高等教育相对陈旧的课程内容体系，以改造高等教育自身的基因，从而推动高等教育人才培养质量的提升。他说：“通过创新创业类课程的学习，我们可以有效激发大学生的创新精神与创业意识，并寻求可能的创业机会，以应对经济新常态下我国就业形势的严峻挑战。”

创业可教，但一定不是教室模式

创业课究竟应该由谁来教，怎么教？

“讲授创业课程的老师经常被质疑：‘你又没有创过业，如何给我们上创业课？’在我看来，这是因为相比其他学科，创业更偏重实践，因此，就目前而言，创新创业课程的师资需要学术界与实践界相结合。”张玉利说。

在李名梁看来，做好高校创新创业类课程至少要突破三个关键点：首先，创新创业类课程的实战性很强，涉及面较广，设计主体不能再简单局限在大学教师层面，必须引入企业界、创投界和相关行业组织参与。其次，大多数高校教师没有创业经验，也缺乏深入的企业实践体验，如果仅由当前的在校教师教学，恐怕难以达到预期的效果，这就要求必须大力培养和聘用校内外企业导师，特别是具有丰富企业经营与管理实践或者创业经验的师资。第三，传统的课堂教学固不可少，但要提升创新创业课程的时效性、实用性和应用性，就必须更多地将教学场所放到实习实践基地、市场乃至企业现场，与生产线和客户线相衔接。

"一位参加学校创业班的同学在总结时说：'创业可教吗？答案是肯定的，但教学方法一定不是教室模式。'因此，开设创新创业课程一定要改革教学方法、调整教学内容，更加强调思维训练的重要性，设计大量有理论支撑的体验式练习。"张玉利强调。

三、依托课程教学做好理工科大学生创新创业教育的途径

（一）创新创业教育课程的类型

按照现代课程论的观点及近年来国内高校创新创业教育课程改革实践，本书认为高校创新创业教育课程大体可划分为三种基本形态，即创新创业教育学科类课程、创新创业教育活动类课程、创新创业教育环境类课程。

1. 创新创业教育学科类课程

创新创业教育学科类课程是以"创新创业教育"为中心而设置的分科课程，课程的设置首先要体现出创新创业教育的目标、任务、要求。其次，创新创业教育学科类课程的设置要与专业课程体系有机融合，在各专业学科课程中，结合教材内容和专业特点，渗透创新创业教育的内容。最后，在教学内容中适时安排，形成特定的教学方式。

在创新创业教育学科类课程的整体规划中，学科课程被注入了新的内涵，学科课程中的基础课应当更注重全面提高大学生的创新创业素质、创新创业意识以及创新创业实践。这类课程不受专业限制，如经济学、管理学、心理学、法学、人际交往、公共关系、艺术学等课程。

创新创业教育学科类课程的开发，主要包括学科渗透课程、必修课程和选修课程三种。在创新创业教育课程体系中，学科课程能体现出创新创业课程所

具有的逻辑性、系统性和简约性等特点，有利于大学生在短时间内集中、系统地学习创新创业知识和创新创业技能。通过学科课程的学习，有利于大学生对创新创业相关的学术理论知识有更深的领悟，树立正确的就业观，为以后更进一步从事创新创业实践和研究工作打下扎实而坚固的基础。

2. 创新创业教育活动类课程

活动类课程常常被称为“经验课程”，因为活动类课程的培养重点是增加学生在所学知识方面的操作。创新创业活动课程，旨在让大学生在创新创业方面增加体验，提高经验水平。创新创业教育课程的教育目标、任务、要求，需要在活动课程尤其是实验实习课程中，渗透并结合各种不同的创新创业教育内容，或结合校内外的各种社会实践活动进行创新创业教育，或专门组织创新创业教育的相关活动课程。[1] 创新创业教育活动类课程一般成体系开展，在活动目的、方式上都循序渐进地提高对学生的要求，激励学生不断增强动手能力、学习能力和创造能力。

创新创业教育活动类课程的开发内容可以源于巩固、运用与验证学科知识的需要，也可以来自于大学生的兴趣和爱好，或来自社会问题、家庭生活等社会生活的各方面。开展活动的形式可以灵活多样，如参观企业、模拟创业大赛、创业计划竞赛等，以及开展创业专题讲座和报告等。活动的时间和空间可以根据具体的活动形式来灵活安排，不仅仅局限于校园内，还可以深入到企业、社会生活中的不同场所。活动类课程与学科类课程的显著区别就在于，更加紧密的联系现实生活环境、市场需要，鼓励大学生充分表现创造力和团队协作能力。

3. 创新创业教育环境类课程

创新创业教育环境类课程的开发，主要从自然环境课程和校园文化环境课程两方面着手。自然的环境，包括校园的各种物理环境设置，例如植物的栽种、景观的搭配、楼体的设计等，这些不仅与创新创业教育相关，也与高校人才培养的整体规划相关。校园的文化环境则是指在校园中倡导创新创业教育的氛围。校风、教风、学风，都可以在校园内形成创新创业教育的氛围；线上、线下的宣传方式，也可以不断增强创新创业教育的舆论；对创新创业榜样的宣传，会营造出创新创业的心理氛围。对环境的设计、选择和加工，可以增强学生创新

[1] 陈彦丽：《高校创业教育课程设置的目标及体系构建》，《哈尔滨商业大学学报（社会科学版）》，2009 年第 5 期。

创业的主动性，让学生自觉养成塑造自我、完善自我的创业行为习惯。同时，校园中的师生关系和人际关系，会通过不断的互动对校园文化产生影响。师生之间的团队精神、良好的舆论导向、正确的人生目标、学习氛围等，均能形成潜在的教育力量，以特有的形象符号感召、影响学生。这些都应成为环境类课程的重要组成部分。

总之，创新创业教育课程体系的构建，要体现专业教育和通识教育的融合，理论知识学习与相关实践操作的融合，并且能关注社会需求、市场动态，只有这样，才能实现创新创业教育的目标，才能转变我国高校的人才培养模式，提高人才培养质量，适应经济发展对创新创业人才的需要。

（二）创新创业教育课程的目标

创新创业教育课程目标可以从广义和狭义两方面进行解释，具有整体性、阶段性、持续性、层次性和递进性。

1. 广义的创新创业教育目标

广义的创新创业教育目标，是指通过创新创业课程教学，在教授创业知识、锻炼创业能力和培养创业精神等方面达到以下目标：第一，使学生掌握开展创新创业活动所需要的基本知识。认知创新创业的基本内涵和创新创业活动的特殊性，辩证地认识和分析创业者、创业机会、创业资源、创业计划和创业项目。第二，使学生具备必要的创新创业能力。掌握创新创业资源整合与创业计划撰写的方法，熟悉企业的开办流程与管理模式，认知创办和管理企业所需的综合素质和能力。第三，使学生树立科学的创业观。主动适应国家经济社会发展和人的全面发展需求，正确理解创业与职业生涯发展的关系，自觉遵循创业规律，做好应对创业过程中困难的思想准备，确定投身创业实践的目标。

2. 狭义的创新创业教育目标

狭义的创新创业教育目标，主要关注创新创业意识和品质的培养、创新创业的相关基础知识的传授和创新创业技能水平的提高这三个方面。具体内容可参见表 3–2。

表3–2　创新创业教育课程目标

课程目标	具体要求
创新创业意识和品质的培养	①充足的自信
	②充分地认识自己
	③强烈的进取心
	④具有强烈的创造欲望和解决问题的意向
	⑤思维灵活、独立自主、不受现有结论的约束
	⑥对热爱的工作具有很强的持久性、自制力和责任心
	⑦为人正直、待人真诚、有强烈的社会责任感
创新创业相关基础知识的传授	①知道一些创业知识典型案例、创业实践中的经验和教训等
	②理解有关创新创业知识的名词术语、基本概念、基本原则
	③了解管理学、人力资源管理的基本知识
	④了解一些财务专业理论知识、财经法律法规和制度
	⑤掌握人际交往、公关的常识和技巧
创新创业技能水平的提高	①创新能力
	②产品开发能力
	③管理与组织能力
	④风险应对能力

（三）创新创业教育课程的设计原则

根据对国内外部分高校的研究比较，本书认为高校设计创新创业教育课程的原则大体应遵循以下两个方面。

第一，结合课程培养目标的原则。大学的创新创业教育应该以第一课堂的课程教学为载体，以适合创新创业的专业教育为核心，着力培养学生的科学精神和人文素质，以及未来创新创业所需要的心理品质、知识和能力等。因此，在创新创业教育课程的设计时，首先要遵循培养目标的原则。

创新创业教育的培养目标是，让学生在拥有专业知识的基础上，同时获得创新创业所需要的运用知识的能力，以及在创新创业过程中所需要的心理品质。特别是要注意在课程设置上要将专业课程、通识教育课程、创新创业教育课程三者有机结合。创新创业教育的课程依托于专业课程开展，所以在专业教育的过程中渗透创新创业的观念也很重要。

第二，遵循教育教学规律的原则。创新创业课是一门理论性、政策性、科学性和实践性很强的课程，应遵循教育教学规律，坚持理论讲授与案例分析相结合、小组讨论与角色体验相结合、经验传授与创业实践相结合，把知识传授和实践体验有机统一，调动学生学习积极性、主动性和创造性，不断提高教学质量和水平。因此，在课程设计上需要注意以下几点：（1）设计真实的学习情境。通过运用模拟、现场教学等方式，努力将相关教学过程情境化，使学生更真实地学习知识、了解原理、掌握规律。（2）提供完备的支持条件。根据课程教学需要提供基本的教学条件，重点提供创业模拟实验室、模拟教学软件、创业信息资源等。（3）拓展有效的实践途径。通过在校内组织开展创新项目设计、创业计划大赛等方面的实践活动，将课堂知识与创业实践紧密结合起来，培养学生在实践中运用所学知识发现问题和解决问题的创新创业能力。

（四）创新创业教育课程的教学内容

1. 大学生理性认识创新创业

创新创业教育课程的内容设计，首先通过对比分析发达国家或地区在高校中开展创新创业教育和创业风险投资的概况与特点，使大学生充分了解国内外创新创业教育发展背景、理论价值、意义以及发展现状和趋势，深刻理解创业对国家经济发展的巨大推动作用及重大社会意义。同时，帮助大学生充分认识到知识经济时代，高科技产业发展已成为一国核心竞争力的主要决定因素。在这样的时代背景下，大学生要客观分析自身情况，明确自我定位和目标，理性认识创新创业。

2. 我国大学生创新创业的现状

通过探讨改革开放以来我国创新创业教育的发展历程和阶段，以及高校创业计划大赛和创业教育的发展与现状，分析当前我国大学生创新创业教育的主要类型、方法和路径选择，结合我国大学生创新创业成功和失败的典型案例研究，剖析当代中国大学生创业的心态、观念、制约因素和经验教训，我们可以提出可供创业大学生借鉴的产业领域选择、创业策略规划以及提高大学生创业成功率的对策建议。

3. 创业、创新与创业管理

创业是指通过寻找和把握机遇，创造出新颖的产品或服务，并通过市场创建成企业或产业，从而实现企业经济价值和社会价值的过程。尽管创新有不同的层次和多种形式，但判断一种创新活动是否为创业，应当通过“创建新企业”和“实现创新产品的市场化和产业化”这一本质内涵来判断。知识经济时代，企业内创新是一种能力的再造和潜力的发掘，是现代企业必备的生存资格条件，创新能力已成为创业企业成功发展的决定性因素。企业必须根据环境与条件的变化，在创业过程中不断地创新，并注重建立有效的创新激励机制，才能使企业充满生机活力，才能在市场竞争中得以生存和发展。

创业教育是素质教育和创新教育的深入化和具体化。高等院校开展正规创新创业教育，适应了“以创业带动就业”和构建创新型国家的客观需要，是新时期以创新的精神、创新的理念、创新的思维、创新的方法把素质教育引向深入的一种新的形式，其目的是以人为本、促进学生全面发展，为构建创新型国家培养大批高素质创新创业型人才。通过探讨创业、创新、创业管理的概念与内涵，分析创业与创新的关系以及创业的基本类型；介绍创新的基本方法，研究从创新到创业的过程与机理；阐明创业管理的内涵与重要性；讨论创业教育、创新教育和素质教育的辩证关系，以及如何通过创新创业教育提升受教育者的素质，构建国家创新体系。

4. 创业者与创业团队

市场经济永远呼唤创新型人才。创业者，必须具备创业者特质。创业者特质主要指创业者的特殊品质和素质。一个成功的创业者应当具备哪些特殊品质和素质呢？高等院校又如何培育和发展这些特殊品质和素质呢？什么是企业家精神？如何培养企业家精神？通过课程设计，要让大学生领会创新创业者应具备的品质和素质，深刻理解企业家精神的实质，掌握大学生创新能力、创业素质的提升途径。同时，使大学生充分认识到创业团队对创业成功的重要性，学习组建创业团队的思维方式及其对创业活动的影响，掌握管理创业团队的技巧和策略，认识创业团队领袖的角色与作用。在教学过程中，可以组织学生现场交流讨论，使学生对创新创业的整体过程有所了解，对创新创业过程的挫折及所面临的挑战有清醒的认识，有助于他们了解创新、创业和新企业发展的过程与规律，有助于了解市场、发现和捕捉市场机会。

5. 市场与商机

市场经济条件下，企业的生产经营活动不是孤立进行的。创业伊始，企业要进行市场调研和分析，清楚当前和将来企业可能所处的宏观、微观环境状况，及时把握创业的有利条件和市场机会，为创业成功和未来企业稳定发展提供科学依据和决策保障。掌握正确的市场调研和分析方法，及时把握创业的有利条件和时机，是创业能否成功和未来企业能否稳定发展的重要条件和基础。需要向大学生充分论述调研和分析市场环境，搜集市场信息，识别、筛选和捕捉商业机会的方法；讨论创业时机的选择判断以及如何当机立断、快速进入创业状态的基本程序、步骤和方法。指导大学生首先学习如何从宏观环境、行业环境、目标市场和竞争对手四个方面分析市场。其次，讨论如何调研、搜集市场信息，如何筛选、识别和捕捉商业机会。最后，探讨如何当机立断、快速进入创业状态。

6. 创业方案策划和创业计划

明确创业者个人创业目标和企业目标，弄清追求创业目标所要面临的风险，选择好创业项目，进行准确的市场分析、财务评价，在此基础上，进行商业模式的设计和企业经营方式的选择。企业必须选择一个适合自己的、有效的、成功的商业模式和灵活的经营方式，并且随着客观情况的变化不断加以调整和创新，才能获得持续的竞争力，为创业成功奠定良好的基础。

创业之前必须拟定科学周详的计划，做好充分的准备，筹措和整合必需的资源。从创业前的准备工作和资源筹集谈起，阐述创业计划书的撰写程序和内容，讨论创业资源开发与获取的基本方法和途径，分析成功创业团队的基本特征以及组建富有创新活力和生命力的创业团队的基本方法，以确保创业者能够获取并使用关键的人、财、物资源，支撑创业企业的起步。正确分析创业、创新、创造三者间的关系，理解创造的核心就是创意，掌握市场分析方法和捕捉商机的方法；培养发现商机和掌握先机的能力。

在内容中可以加入学生市场调查和商机分析：组织学生深入企业和市场做调查，充分运用图表、统计数据，分析市场，研究商机，鼓励学生创新思维提出创业思路。

7. 创业企业管理和激励

如何在纷繁复杂的创业事务中，使自己始终保持清醒的头脑，使新创企业保持正常的运行状态，是创业者必然面临和必须解决的关键问题。这部分内容关注的焦点是新创企业的决策管理、人力资源管理、财务管理和市场营销问题。确保新创企业能进入正常运行状态，顺利进入市场并在市场上站稳脚跟；掌握创业初期管理决策的技巧；了解融资方式，学会创业融资与财务控制方法；清醒认识创业营销与市场开发对新创企业的重要性。

创业企业激励机制的设计是一个系统工程，不仅要有战略考虑，同时要具有操作性。在生命周期的不同阶段，企业的激励机制设计应有所区别。激励方案设计是创业管理中不可缺少的部分。在教学内容中，以层级激励机制设计为主线，阐述创业企业激励机制设计的战略性和操作性原则，讨论不同层级的激励机制和方法，重点突出投资者、创业者、研发人员作为企业的人力资本与一般员工的激励机制的不同。重点分析研究现代企业产权的基本特征、创业企业产权激励设计安排的原则、产权激励的不同对象和方法，探讨股票期权、企业员工持股计划等热点问题。

8. 创新与企业成长

创业的关键在于创新。创新伴随着创业企业的各阶段发展，促成创业的成功并推进企业的不断发展。本部分的学习内容主要是企业生命周期理论，了解企业在生命周期各阶段尤其是创业阶段的成长特点，了解并掌握创业企业的成长模式与特征，堵塞和防范创业企业快速成长中的漏洞，调控企业的发展；分析讨论创业企业在产品创新、品牌创新、市场创新和文化创新等方面的内容、规律与方法，以促进创业企业的健康成长；掌握企业生命周期理论、创业企业成长模式及其特征，深刻领会技术创新、产品创新、品牌创新的特点并注重应用，理解企业文化创新的精髓。

在教学过程中，可以组织中小企业考察调研，组织大学生参观企业，了解企业运营环境和机制，增加直观认识。

9. 创业风险和危机管理

创业是一种高风险的活动，增强风险意识，强化风险与危机管理是每一个创业企业的必然选择。讨论创业风险的类型与表现，并分别就创业前期、中期、后期的风险情况进行分析和论述，在此基础上详细讨论创业企业的风险与危机管理，提出降低创业风险、应对企业危机的相应策略。了解创业风险的类型，熟悉创业前后容易出现的风险，树立风险防范意识，掌握风险控制技巧。

第二节　以导师团队为指导的理工科大学创新创业教育实践

如何提高大学生的创新创业能力，更好地适应社会对人才培养的需要，这是政府、高校、家庭共同关注的问题。理工科大学生具有专业基础知识扎实等特点，而在创新创业的实践中还需要大学生了解并掌握行业发展的趋势、创业团队管理模式、互联网时代商业模式、创业机会识别等知识。因此，仅仅依靠第一课堂理论知识的讲授远远满足不了这些需求，而必须将课程教育与实践教育相结合。与其他教育不同，一支专业、优秀的导师团队在理工科大学生创新创业教育中，扮演着举足轻重的角色。邀请专业学者、有创业经验的行业专家、风险投资顾问等，与校内专业老师一起，共同组建创新创业教育的导师团队，形成资源优势互补，更有利于系统性、科学性、统筹性地开展创新创业教育指导。同时，充分挖掘校外导师资源，建立大学生创新创业导师的成果转化对接机制，也能够为学生走向社会后选择创业提供有效的前瞻性、延展性服务。

以浙江大学为例，该校与杭州市人力社保局共同打造创新创业服务平台，在师资选派、人员交流方面提供更多的条件与机会；通过优化考核激励机制，推动更多的名家大师走上讲台、编教材、带学生；通过实施“求是强鹰”实践成长等计划，搭建以浙商企业家“导师带徒”为核心模式的实践育人平台。通过系列举措，鼓励导师团队参与指导大学生创新创业教育的实践，杭州已逐渐成为长江三角洲地区创新驱动发展的典型代表。

【扩展阅读】

2015 年 5 月，国务院办公厅下发了《关于深化高等学校创新创业教育改革的实施意见》，其中针对创新创业教育的导师方面提出了具体的任务和措施要求。

第七条，加强教师创新创业教育教学能力建设。

各地区、各高校要明确全体教师创新创业教育责任，完善专业技术职务评聘和绩效考核标准，加强创新创业教育的考核评价。配齐配强创新创业教育与创业就业指导专职教师队伍，并建立定期考核、淘汰制度。聘请知名科学家、创业成功者、企业家、风险投资人等各行各业优秀人才，担任专业课、创新创业课授课或指导教师，并制定兼职教师管理规范，形成全国万名优秀创新创业导师人才库。将提高高校教师创新创业教育的意识和能力作为岗前培训、课程轮训、骨干研修的重要内容，建立相关专业教师、创新创业教育专职教师到行业企业挂职锻炼制度。加快完善高校科技成果处置和收益分配机制，支持教师以对外转让、合作转化、作价入股、自主创业等形式将科技成果产业化，并鼓励带领学生创新创业。

第八条，改进学生创业指导服务。

各地区、各高校要建立健全学生创业指导服务专门机构，做到“机构、人员、场地、经费”四到位，对自主创业学生实行持续帮扶、全程指导、一站式服务。健全持续化信息服务制度，完善全国大学生创业服务网功能，建立地方、高校两级信息服务平台，为学生实时提供国家政策、市场动向等信息，并做好创业项目对接、知识产权交易等服务。各地区、各有关部门要积极落实高校学生创业培训政策，研发适合学生特点的创业培训课程，建设网络培训平台。鼓励高校自主编制专项培训计划，或与有条件的教育培训机构、行业协会、群团组织、企业联合开发创业培训项目。各地区和具备条件的行业协会要针对区域需求、行业发展，发布创业项目指南，引导高校学生识别创业机会、捕捉创业商机。

一、创新创业导师团队的内涵及意义

创新创业导师团队，是指在大学生创新创业教育中，能有效激发大学生创新精神、提升大学生创业技能、指导大学生体验创业过程并进行合理职业规划的全体导师的集合。创新创业导师是高校创新创业教育的必备要素，指导大学生以社会需求为导向、个性化发展，这对于培养适应时代要求的人才至关重要。

"大众创业、万众创新"已成为国家经济发展的重要实施战略。而在推动国家创新发展的进程中，大学生是其中的重要组成部分[1]。随着我国对现有社会经济发展方式的改革升级不断加快，"中国创造"需要有更多的具备创新与创业能力的高素质复合型人才。大学作为培养创新人才的主阵地，承担着为全社会培养创新与创业人才的重任，尊重大学生个性发展则是在培养创新与创业人才的过程中必须遵循的原则。在传统教育培养模式下培养出来的大学生，不仅缺乏必要的创新思想和创新精神，还缺少创业激情和创业理念。要改变这一现象，需要在大学教育中注入个性化教育的内容，这对高校教师的教学能力和教育内容提出了进一步的要求。推行创新创业教育导师制，也是建设创新型国家、培育创新型人才的必然选择。

（一）建立导师团队的必要性

1. 满足学生创造力的需求

创新创业教育要着重培养大学生具有丰富的想象力和创造力。为满足学生的创造力需求，就需要打破传统的培养模式，培养学生能够根据自己的兴趣、社会的需求来主动地选择自己所需的课程、学习方式，当然，也包括导师的选

[1] 洪涛：《本科生导师制在创新创业教育中的意义与发展》，《继续教育研究》，2015 年第 12 期。

择。特别是在选课的过程中，学生可以根据自己的兴趣爱好进行主动选择，而不是被迫服从学校的安排，学生的主观能动性进一步得到释放。多学科知识的传授，需要各个类型的导师资源，建立创新创业导师团队，为大学生提供各种类型的导师，将校内外导师资源集约化，既可以成系统地满足大学生的现实需求，同时也利于充分发挥导师在某一领域的优势，提升学生的创造力。

2. 满足学生自我学习的需求

学生根据自己的兴趣爱好选择不同的课程，对知识的学习也会更加具有主动性。在学习的过程中，可能会遇到学生自己无法解决的瓶颈问题，这时就需要专业的导师对他们给予及时的指导，帮助他们自我学习，并促使他们将主动学习的知识转化为主动实践的能力。在这个过程中，导师需要不断调整甚至改变自己的教学方式，把以教师为主的课堂学习变成以学生为主的指导性学习。

3. 满足学生个性化发展的需求

随着我国高等教育越来越走向大众化，接受高等教育的学生越来越多，他们接受教育的目的也越来越多样化。高等教育要满足这些多样化的需求，就必须进行传统教学方式的改革，为大学生提供更多的个性化学习的机会和场合。为了适应培养创新创业人才的需要，大学的教学需要因材施教，并对学生的自主学习过程进行指导性规划，从而保障大学生在个性化发展中，整体的发展是朝着正确的方向进行。

【扩展阅读】创新创业教育将成撬动高教整体变革突破口[1]

教育部高校学生司副司长刑德刚一直强调，“问题意识导向特别强”，“高校创新创业教育存在教育理念滞后、结合专业不紧、文化氛围不浓等问题，教育体系亟待健全”。

教育部高教司副司长刘贵芹则指出，一系列举措将使创新创业教育成为撬动高等教育整体变革的突破口。

最显而易见的变革，体现在教学和学籍管理制度上。《意见》规定，高校要设置合理的创新创业学分，建立创新创业学分积累与转换制度；为有意愿有潜质的学生制定创新创业能力培养计划；并面向全体学生开发开设创新创业教育

[1] 邓晖：《国务院力推创新创业教育改革：高校如何上好创业课》，《光明日报》，http://news.gmw.cn/2015-05/15/content_15671754.htm，2015 年 5 月 15 日。

必修课和选修课，推出慕课等在线开放课程等。

深层次的变革，则体现在课程中教育理念和方法的改变。

“各高校要广泛开展启发式、参与式教学，扩大小班化教学覆盖面，推动教师把国际前沿学术发展和实践经验融入课堂教学，注重培养学生的批判性和创造性思维，激发创新创业灵感。”张大良直言，“高分低能”的积弊阻碍创新创业人才的涌现，未来考试将“注重考查学生运用知识分析、解决问题的能力，探索非标准答案考试”。

“高校要聘请各行业优秀人才，担任专业课、创新创业课的授课教师或指导老师。”刘贵芹则透露，各高校要制定兼职教师的管理规范，同时在各个高校聘请兼职教师的基础上，形成一个全国性的万名优秀创新创业导师人才库。

（二）创新创业教育导师的角色定位

将现阶段创业导师在高校创新创业指导中的角色定位总结归纳为：一是创业大学生的陪伴者和服务者；二是大学生创新创业过程中的引导者和组织者；三是大学生创业梦想的激励者、优势的挖掘者及创业过程中的提醒者或参谋者；四是创业的学习者和共同成长者。[1]

1. 陪伴者、服务者

高校教师的工作内容本身就涵盖了陪伴者和服务者的角色定位。而这一角色在创新创业教育和指导的过程中显得更加重要。据调查数据显示，高校毕业生创业的成功率极低，有些地区由于社会、经济、文化等多方面的影响，成功率甚至不足 1%。这说明，大学生创业，特别是首次创业，失败和打击几乎是必然的。在创新创业教育过程中，导师是大学生创业者非常信赖的人之一，因此在可能面临失败的创业过程中，导师的陪伴将会成为大学生创业者非常重要的安慰和支持。

同时，高校教师可以凭借自己的社会经验和人生阅历，在陪伴者的角度提供新的视角，这些也可以在某种程度上帮助大学生创业者正确分析自己的困难，理清思路并寻求解决办法。导师在此时担当的就是服务者的角色。事实上，大部分的高校创业导师并不期待从学生的创业中获得经济上的回报，但是教师身份本身的荣誉感、责任感，会促使教师非常期待能够从学生的成功中获得满足

[1] 王少浪：《创业指导教师在高校创新创业教育中的定位和作用》，《中国大学生就业》，2015 年第 4 期。

感。因此，导师将自己的角色定位于服务者，可以更好地促使其为大学生创业者提供可能的帮助或服务。

2. 引导者、组织者

高校的创业大学生与普通创业人群的最大区别就在于其在校大学生的身份，因此，创新创业导师对他们的引导作用就会非常显著。同时，大学生的身心都处于青春期后期，他们对世界的认识、价值观还都处在逐步形成的过程中，导师可以对他们进行适当的引导，帮助他们更好地利用自身的优势投入创新创业实践活动。

在引导学生参与实践的过程中，虽然创业学生中会有领导者存在，但是在实际工作开展中，也需要教师对一些活动进行倡导和组织。例如，组织学生参加某项创业比赛等，其组织者的角色也十分重要。

3. 梦想激励者、优势挖掘者、行动参谋者

对创新创业实践感兴趣的大学生，他们内心都有自己的创业梦想，而面对实践过程中现实的压力，有时候梦想会变得非常脆弱。导师在这个时候就需要担当起梦想激励者的角色。在激励学生的过程中，教师需要采取多种措施。例如，可以从自身的角度出发，提供一些专业的意见；可以借助自己的人脉资源和社会交往，邀请一些创业成功人士与学生交流实践经验；还可以从更高更长远的角度解读国家的政策环境，挖掘大学生创业的优势。

通过挖掘大学生的潜能和优势，导师可以更加理性地提出意见和建议，帮助大学生提高创业的成功率和创业质量。从这个角度上来说，导师也是一个创业行动的参谋者。当然，在参谋的时候，教师需要注意避免为创业学生做替代性的决定。

4. 学习者、共同成长者

如前文介绍，大部分的高校创新创业教育导师自身并没有实际的创业经验，因此，他们在陪伴学生开展创新创业实践活动的同时，自己也在经历一次学习的过程。从这个意义上来说，导师的角色也变成了一个学习者。

同时，在这个过程中，导师会与学生一起面对创新创业实践中所遇到的各种困难，甚至是风险。导师需要将自己与所指导的学生看作一个团体，共同学习应对这些困难的方法和策略，与创新创业的大学生一起成长，收获与创业有关的体会和经验。

总之，陪伴和服务是高校创新创业导师最基本的职能，在大学生创新创业

过程中的有效引导和组织是保障，如何有效激励大学生的创业梦想、挖掘大学生的各种优势和潜力，并在具体实践中扮演好参谋者或提醒者是关键，能与大学生共同学习并践行创新创业是创新创业导师作用发挥最理想的目标。

（三）创新创业教育导师的意义

1. 有利于学生构建合理的知识结构

贯彻创新创业教育导师制，学生有更多的自主学习空间，学生可以根据社会发展的需求并结合自身的能力，有选择地决定该学哪些内容。例如，有些学财务管理的学生偏好学习财务方面的实践知识，而有的学生对理论分析较为在行，善于进行理论研究学习。

但是，大学生因为缺乏社会经验，并且知识储备也有限，因此在自己主动选择学习的内容时，缺乏判断的能力，甚至有时会对自己兴趣爱好的理解产生偏差。这就需要推行导师制来解决这一问题。创新创业导师在学生主动学习的过程中可以给学生以引导，指导他们构建合理的知识结构，更好地让自己的兴趣爱好与专业学习内容匹配起来。

2. 有利于引导学生培养自学能力和创新能力

相比于侧重理论学习的传统高校教育，创新创业教育要求学生在掌握知识之后更要学会如何运用知识，并付诸实践。普通的教师在教育活动中，以传授知识为主，这并不能满足学生自学并实践的能力培养需要。创新创业导师可以向学生提供各类科学研究项目，给学生将知识进行实践转化的机会。大学生通过这种课外的科学实践，可以更好地补充自主学习的探索经验，并进一步将知识和实践融会贯通。这种培养创新能力的过程，有利于引导学生更好地掌握知识。

3. 有利于因材施教

在高校中推行创新创业教育导师制，可以发挥导师在引导大学生学习中的主体作用，根据每一个学生的自身特点来引导其学习。而学生个人则在导师的具体指导下，根据自身的兴趣爱好结合社会发展的需求确定研究方向。在这样一个因材施教的模式下，大学生可以更好地发挥自身的潜力，展现自己的个性与才华。

4. 有利于教师队伍的自我优化

与传统的辅导员制度、班主任制度等不同，创新创业教育导师制的推行，是一个基于师生彼此研究方向和研究兴趣的匹配过程。在这个过程中，导师可以选择学生，学生也可以选择导师。学生在选择导师的时候，往往会根据自己的兴趣方向挑选自己认为有指导能力的导师。这从某种程度上来说，间接地需要导师不断自我提高和优化。

（四）导师团队在理工科大学生创新创业教育中的职能

聚焦于理工科大学，创新创业导师要更侧重在以下几个方面开展教育引导。

1. 培养企业家精神

随着创新创业活动的日益普及，创业逐渐从个体的职业选择与能力的发挥转变为多人的联合创业或团队创业。理工科大学的特点决定，学生的创新创业类型以科技创新型为主，学生往往从科研项目、创新项目中掌握核心技术，但如何将技术市场化、商业化，并能组建创业团队，最终实现盈利，都需要科学指导。因此，理工类大学的创新创业导师的首要职责是培养在校大学生树立企业家精神。

企业家精神最早是由美国人弗兰克·奈特（Frank Knight）正式提出来的，本意为企业家的才能、才华。[1] 理工科高校创新创业导师对企业家精神的塑造引导，首先侧重大学生人格品质的引导。进取、冒险、敬业、奉献等精神是企业家人格品质的核心关键词，创业本身也可以理解为是一次冒险活动，是团队成员共同迎接创业活动中各种风险并进行集体有效抵御的过程，而这些品质必须是每个有志于创新创业的大学生所必须具备的。其次，创新创业导师要着力培养大学生发现创新和整合的能力，并将这种能力付诸实践行动。在日常的科研项目、实习实训项目、创新项目或各类大赛中，着重引导大学生利用新方法、新角度、新组合等来锻炼其发现创新和整合的能力。第三，要着重引导大学生的执行力，企业家的行动能力至关重要，尽管很多特质都很重要，但是没有行动，创新或创业都只是纸上谈兵。第四，适应环境的能力培养也是创新创业导师必须要引导的关键内容。我国经济发展受国际金融危机冲击带来的影响日益显现，整体经济发展面临着前所未有的挑战。创业本身要受到国内乃至国际经济、政治等多方面因素的影响，如果进行创业的实践，必须做好应对市场瞬息万变的考验，做好充分的准备。这些都是创新创业导师要传递给理工科大学生的内容。

2. 对创业学生的实践提供帮助

当代大学生大多有着强烈的创新及尝试意愿。根据 2014 年《全国大学生创业调研报告》显示，76.7% 的在校大学生对创业感兴趣，26.8% 的大学生有创业打算，只是苦于缺乏引导和扶持而没有采取创业行动。但是根据公益组织中

[1] ［美］弗兰克·奈特：《风险、不确定性和利润》，中国人民大学出版社，2005 年，第 12 页。

国青年创业国际计划的统计，截至 2014 年年底，我国包括大学生在内的青年群体首次创业成功的比例不足 10%，整体创业现状不容乐观。这表明学校对大学生创业能力的培养仍存在不足。当然，还有更多的大学生对创新创业有各种顾虑，如缺乏创新创业经验、没有合适可靠的项目、缺少启动资金、缺少合作伙伴及对于如何规避创业风险认识不足等。

理工科大学设立创新创业导师，就是对大学生创新创业给予指导，为创业者提供专业性、导向性、实践性辅助服务，提高创新创业成功率，使之适应经济社会发展的需要。很多高校聘任创新创业校外导师，都是从风险投资人、有创业或企业背景的校友、社会知名人士中进行选择。因此，创新创业导师会为真正开展创业实践的大学生给予切实的帮扶，如商业模式的建议、风险投资、社会网络资源的提供等。

3. 对构建创新创业校园生态体系提供支撑

我们从教育部创新创业教育全国试点的大学实践可以发现，创新创业教育导师会为校园创新创业生态体系的搭建提供支持。以电子科技大学为例，2010 年年初，学校成立了校级创新创业中心，以“体系化培训”“基地化支撑”“多元化投入”“社会化运作”“项目化资助”为抓手，形成了包含“普及教育”“实践教育”“孵化教育”三个阶段的校院两级创新创业工作体系。2014 年，新增大学生创业公司 23 个，上一年度成立的学生公司发展态势良好，学生创业团队融资金额达 2600 余万元。2015 年，学校进一步深化创新创业教育，在当年 9 月成立了创新创业学院，首批投入中央高校基本科研业务费 1000 万元，每年选拔 30~50 名学生重点培养，配备创业“大咖”，如 IDG 全球常务副总裁熊晓鸽、老鹰基金创始人刘小鹰、洪泰基金发起人俞敏洪和盛希泰等作为“一对一”的创业导师，指导学生、分享自己的创业经验。学校的创新创业模式从以学生参加科创竞赛活动为主，到以学生创新创业教育实践为主，并最终过渡为“聚焦电子信息产业领域，构建高校、政府、社会三位一体的创新创业生态体系”。五年的实践，高水平校外创新创业导师的加入，直接刺激学生的主体性，导师帮扶跃升，最终形成了多方共建的“培育 + 孵化”创新创业教育良性生态系统。

二、国内外创新创业导师团队的发展现状

（一）国外创新创业导师团队的发展

由于国外并没有创新创业教育这一概念，因此也缺乏专门针对创新创业教

育的导师团队。“导师”这一概念源于国外，大学导师制最早源于14世纪的英国牛津大学，并成为牛津大学引以为荣的标志性制度。在这一制度的作用下，牛津大学的学术成绩有了较快的发展，培养出了几十位诺贝尔奖获得者。随后，美国的大学开始效仿这一制度，并很快取得了成功。随着导师制的发展，以本科生为主要对象的导师制开始兴起并逐渐在世界范围内得到广泛推广。导师制最大的好处就是教师能对学生的个体情况进行掌握，可以因材施教。导师对每个人的学习状况、特点、喜好都可以进行了解，并有根据地安排学习的课题，更加满足学生的个性化需求。同时，导师制还利于师生之间建立感情。西方国家，学生在大学中侧重的是接受导师的指导而非教师的授课讲解、照本宣科。大学生的课业成绩由指导其专业知识的导师负责，大学教师的主要职责是当导师，而不是课堂授课教师，学生也可以选择多个导师。

国外惯行的另一种方式是导师小组负责制，高校的研究生导师普遍以导师小组负责的形式对研究生进行培养。一般一个导师团队由2~3个导师组成，他们之间相互分工合作。通常会由学术造诣更高的一位导师担任主导师，他的主要工作目标是训练学生的科研能力，指导学生在学术上的发展，而其他几位导师则辅助主导师的工作，在非学术方面对学生给予帮助。导师小组与单个导师的区别在于，小组内每个导师都有自己的特长和优势，这为学生的全面发展提供了基础。也有学者认为，导师制最终会被导师小组负责制所取代。[1]

（二）我国创新创业导师团队的发展

1. 我国创新创业导师团队的现状

由于我国的具体国情有别于其他国家，因此，在国内高校推广导师制时，逐渐形成了具有中国高校发展特色的导师制。其与国外导师制的不同之处在于，国外的导师制已基本普及到本科教育阶段，而在我国，通常情况下导师制所面对的群体仍然是研究生，而本科生的导师制，往往建立在辅导员制度的基础上。让经验丰富的导师与学生进行双向发展选择，即学生选择适合自己专业发展方向的导师，而导师也选择与自身研究方向接近的学生。这种导师制度，可以说是我国传统的师徒关系教学制度的延伸发展。随着我国高校招生规模的不断增加，而导师资源却没有快速增长，导师的数量已经无法满足学生的培养需求，因此导师小组或导师团队的模式也逐渐成为现在高等院校的常见模式。

---

[1] 张河清：《国外本科生导师制经验探究——牛津大学的启示》，《现代商贸工业》，2009年第24期。

从众多高校构建创业导师团队的经验来看，创业导师队伍知识结构单一，指导水平参差不齐，在教学水平、认识态度等方面差异大，部分高校导师团队存在只注重技术水平而忽视创业实践等问题。通过多种渠道聘请具有丰富创业实战经验、具备全面创业理论知识的公司企业人员担任大学生创业团队的校外导师，可以让整个创业导师团队不仅有能从技术上向学生提供帮助的科研教授，同时，也有具备丰富经验的企业经理人从市场化、运营管理等方面为整个创业项目添砖加瓦。导师团队的指导不再仅停留在技术层面，而是达到“技术—运营—商业”三位一体的创新创业教育指导。这样的构建不仅体现在各方多维专业服务上，而且更利于指导不同阶段的创业项目。导师团队充分发挥各自的优势开展多维服务，依照每一个创业项目的阶段特点为其量身打造设计项目生长计划，从项目开始构造这一刻起就按项目的成长阶段为其制定相应的商业、技术、运营计划，让导师团队在创业指导中真正发挥“团队”作用。

2. 我国创新创业导师存在的问题

党的十八大明确提出：“走中国特色自主创新道路，实施创新驱动发展战略，提升国家创新能力和综合竞争力。”在此背景下，高等教育领域呈现出以质量提升为核心的内涵式发展、大学治理现代化、提高学生社会适应能力等一系列重要的“新常态”。但是，创新创业教育导师制的发展也存在一定的问题。

高校对创新创业教育的制度设计是制约导师制发展的根本原因。导师队伍在教学水平、认识程度等方面存在很大差异，对大学生创新创业的指导作用有限，未能很好地发挥创业指导作用。另外，有些学校没有完善的创业导师培训机制，对创业导师的管理、考评欠缺规范。首先，学生、导师的自身意识不足。导师制是一个互选过程，但是在这一制度的实际应用中，部分导师受传统师生关系的影响，对学生的干预较多，而学生受传统师生关系的影响，也习惯于言听计从，从而使得部分导师对指导学生的热情不够。其次，师生比严重失调。在导师制中尤为关键的一个内容是对合格导师的选聘，但是在我国高校经过扩招之后，导师的数量明显与学生增加的人数不匹配，高校导师制度存在人才资源紧张的局面，从而使得导师制在创新创业教育实践中的效果不好。第三，缺乏监督机制和激励机制。目前，高校推行的导师制还缺乏一套完整的规范制度，导师的随意性比较大。部分导师还没有真正达到能够指导学生创新创业发展的要求。对于一些积极践行导师制的高校，也缺乏相应的激励机制，从而影响了导师的工作积极性。

综观我国高校创新创业教育，相当一部分高校存在创新创业教育总体水平不高、创新创业教育融入人才培养体系难等问题。究其原因，首先是认识不到位。学校管理者未采取规范的课堂模式开展创新创业教育，教师未从人才培养的高度看待创新创业教育，学生则认为创新创业过于“高大上”。其次是师资不到位。创业导师严重短缺，教师不注重参与创新创业指导。再次是机构政策不到位。未组建专门的管理机构和管理人员，未建立符合办学定位、学科特点的激励机制，未制定鼓励学生广泛参与的政策。因此，梳理高等学校创新创业教育状况、理清构建原则，构建新常态下的创新创业教育体系迫在眉睫。

在大学生中开展创新创业教育，就像学游泳，一要亲自下河，二要游泳教练。学习游泳，理论固然需要，但仅有理论是不够的，如果不多下河练习，多呛几口水，就算满腹经纶，扔到水里也浮不起来。创新创业是不确定的人在不确定的环境下从事的一项不确定的工作，是资源高度约束、不确定性强前提下的假设验证性、试错性、创新性的快速行动机制，具有很强的不确定性。那些脱离实际的、刻板的理论，很难达到这种要求。学习游泳，教练必须是游泳高手，有实操、能示范、会教人，否则永远教不会他人游泳。毫无疑问，教师经验不足是我国高校创新创业教育中最短的那一块短板。创新创业是一门实操性很强的新课，不排除极个别教师，因为是在传统教育体系中长大，且从校门到校门，从未离开过校园和三尺讲台，缺乏创新创业经历、经验，让他们教大学生创新创业，或许能成为“经师”，但很难达到“能师”“人师”的高度。而一些已经成为“老板”的高校教师，可能又忙于自己的“一亩三分地”，抽不出更多时间和精力来教学生。学高为师，教师在创新创业上有实战经验，教起学生来才能做到理论与实际相结合，教学才有针对性，对学生才会有吸引力与启发性。

高校创新创业教育从教师抓起，必须两条腿走路。一方面，在增量上下功夫。国外许多公立大学在开设创新创业课程时，注意选择一些理论扎实的专家和教授，更倾向于聘用一些有着高等教育背景、自己开设公司、有着丰富创业经历的中小企业家当兼职教师，这非常有助于学生获得更多更实用的创新创业知识。

高校应从政策保障上提升创新创业教育导师的水平。比如，很多高校为了鼓励大学生创业，实行弹性学制，保留学籍、休学创业，那么高校教师是否也可以享受这些待遇？“保留教籍创业、来去自由”是美国斯坦福大学成为创新创业教育典范的重要经验。为激励教师亲身参与创新创业，更好地指导大学生创新创业，斯坦福大学规定教授需负担学生的部分学费，对于硕士和博士则更多。为了筹措学费，教授就要凭着自己的创新创业能力，与企业建立密切的产学研关系，以获得企业委托研究项目与资金。许多像英特尔公司那样的企业，每年都向该大学注入大量资金，委托教授带领学生参与项目研究和开发。

根据这些国内外的实际经验，不难发现创业并不只是创业者本身的事情。特别是目前的在校学生，往往显示出年轻、有梦想、勇于尝试的特点。然而在他们创业的过程中，导师自身并没有创业经历，甚至没有过创业梦想，那么他们的指导就很难让学生信服。实际上，这个问题的出现，是高校创业指导教师对自己在大学生创新创业过程中的角色定位不清所造成的。

【扩展阅读】创业教育引热议：教创业老师你先创一个看看[1]

“做创业教育的老师们，在教学生之前，能不能先问问自己，你愿意让自己的孩子创业吗？”2015 年 7 月 15 日，上海财经大学创业学院主办的全国创新创业教育高端论坛现场，来自沪江网的联合创始人、总经理于杰的一番话，令在场的很多“资深”创业教育专家感到有些尴尬。

于杰在创业教育界称得上是一支“炮筒”。但凡请他参加过创业教育讨论的，之后很少还有再请他的。“我讲话直，我觉得创业思维、创业技能，都是目前大学老师培养不了的。”他提出的新观点，逗笑了在场的很多专家，“上海大学影视学院已经让陈凯歌去当院长，创业学院为什么不能让企业家来当院长？每所大学的校长，都应该是 CEO”。

当天的论坛，因为有了企业界人士的参与，变得与以往大多数创业教育论坛不一样。创业教育专家们不再闭门讨论、互相吹捧，而是主动与企业家“碰撞”。

教学生创业？有本事你创一个给学生看看！

于杰的意思很明确，让一个没有创过业的老师，去教一群没有创过业的学生，这种做法并不可行。

---

[1] 王烨捷：《创业热中冷思考：创业教育用力过猛了吗》，《中国青年报》，http://zqb.cyol.com/html/2015-07/21/nw.D110000zgqnb_20150721_1-09.htm，2015 年 7 月 21 日。

过去一年多里，于杰启动了一项“蚂蚁计划”，孵化那些在“互联网＋教育”领域有想法的创新企业。他认为，自己的“蚂蚁班”比很多高校的创业教育要牛得多，“培养了16期1200多名学员，其中有100个项目已经获得千万美元级别以上的融资”。

在创业教育峰会上，当听说一所大学打算从创客基金、创业媒体、创业指导等全方位领域扶持青年学生创业时，他忍不住站出来“反驳”：“你做老师的，就做好教育就行，何必去干那些自己不擅长的事，浪费资源、浪费精力。”

他的观点也得到一个创业孵化机构负责人的支持。这名负责人认为，高校的“想法太多、太杂”，的确有些浪费自己的师资、实验室等资源。

复旦大学创业与创业投资研究中心执行主任宁钟早就注意到了这个问题：“学生会问，老师你教创业，有本事你创办一个给我们看看。”

宁钟告诉记者，他本人目前正在给6家企业提供咨询服务，他有时是“联合创始人”，有时又是“首席战略科学家”。他成功帮助一家企业从材料供应商，转型为3D技术服务供应商，这家企业去年以6000万元的高价卖出其5%的股份；他还全程参与了一个智能家居项目，今年下半年该项目将进行股改，有望在“新三板”上市。

宁钟说，自己未来要做三件事：第一，当播种机，在本科班、MBA班中增加创业课程开课率。第二，增加影响力，为创业企业服务，必要时成为其战略合作伙伴。第三，当创业加速器，条件成熟的企业就主动扑上去，“有这能力，为啥不干？自己有多少热量发多少光，能做多少是多少”。

创业教育真的“用力过猛”了吗？

中南大学创新创业教育办公室主任、中国高教创新创业教育学会秘书长杨芳，当天也出现在上海财经大学拥挤的小会议室里。她经常出现在各类创新创业论坛中，她鼓励大学生创业，热爱创业教育事业。

过去，在“少人创业”的日子里，她鼓动大家创业；但今天，在创新创业热潮下，她却开启了“冷思考”模式，“现在有的学校，在创业教育方面‘用力过猛’”。

杨芳见过两种类型“用力过猛”的学校。一种，将创业课程设定为全校学生的必修课，但教授的课程内容，却是“创业管理”，“学生们还不知道创业是怎么回事，不知道市场是什么情况，就先教管理了”；另一种，将一部分学生拉出来专门成立创业班，专门培养未来企业家，“这样也不对，创业应当是通识课程”。

暨南大学创业学院院长张耀辉也有类似的感受。他从1999年就开始从事电子商务创意创业人才的培养，10多年来，他认为现在是中国开展创业教育外部环境最好的时候，“但有些‘用力过猛’”。

以风风火火的“互联网+”创业项目为例，投资人四处寻找类似概念的企业，找到一个项目就包装概念冲击上市。他说：“这样做容易起泡沫。”2000年时美国互联网经济泡沫，纳斯达克股指从4000点跌落至1000点。此后，经受住考验的互联网企业才能更好地发展，“‘互联网+’战略是正确的，但泡沫应该挤掉”。

现在的情况是，学校拼命挖掘学生创业项目、教师创业项目，举办各种创业大赛，邀请企业家来当评委，“准备一堆项目，让企业挑”。而在“准备项目”的过程中，张耀辉觉得，会扼杀一些真正有创意的好项目，“老师做初期筛选的标准，就是‘可行性’，搞得学生们战战兢兢地迎合。但实际上，真正有创意、有创新的项目，哪会一开始就赚钱？”

让学生学点真本事，顺手拿个文凭

一些现象正在改变着传统的大学教育。

上海财经大学国际工商管理学院讲席教授贺小刚对此感触颇深：“温州的一个老板，曾跟我说，给学校300万元，不要文凭、不要学历、不要学籍，就送孩子来学点本事。”还有一个浙江商人，在孩子考上一本院校的情况下，执意要把孩子送去义乌工商学院“学点本事”。

创业教育的核心，恰恰正应该是让学生“学点真本事”。沪江网总经理于杰认为，教育就应该“让学生学到真本事，顺手拿个文凭”。“2014年是教改元年，诞生了一大批应用型大学。这些学校以后可以（采用）股份制、混合所有制，让校长当CEO，让学生选导师，让导师选校长。”于杰认为，学校首要的工作应该是让学生学到真本事，然后再谈创业教育、创业思维。

半年前，沪江网与河南一所中专合作开办了中原电商学院，于杰说，这个学院招收的都是一群“被遗忘的孩子”，“招生标准只有3条，不抽烟、不喝酒、不打网游”。这所学院的授课方式，就是“网校”，来自上海的1000名创业者通过网络来给这些学生授课。6个月后，所有学生百分之百就业。

暑假里，离开校园6年的80后创业者曹一纯，报名参加了上海财经大学创业学院的“匡时班”，他准备开发一款帮助用户尽快找到电动车停车位的APP。

读过在职MBA的他认为，“匡时班”上的师资配置已经达到“EMBA级”，“除了惯常的课程教育产品，还为学员创业项目提供系统化的解决方案，包括对接投资机构与孵化平台”。前不久，他刚刚借用创业学院的停车场路演了自己的充电共享系统。

据上海财经大学创业学院执行副院长刘志阳介绍，创业学院最重要的工作是围绕创业型人才培养和创业创新精神培育，打造一个创业教育的良性生态。与清华等高校的技术创业培养模式不同，上海财经大学创业学院“匡时班”主要的培养方向是现代服务业方向的创业精英。创业学院目前还开设《创业评论》杂志，未来也会考虑设立创业基金、开拓创业管理线上课程、打造一个400平方米的众创空间，并持续举办全国创业学院院长论坛。

一个有趣的细节是，“匡时班”随时都有PK的环境。在这个班里，如果你想与阿里巴巴高管或者其他创业导师“共进午餐”，就必须进行路演PK，谁拿到的模拟投资最多，谁就能获得与企业界大腕儿对话的机会。

在“匡时班”，随时有媒体的互动交流，因为新时期的创业者如果没有学会有效与媒体沟通应对，就很难借助媒体的力量来推动新企业的发展。

三、依托导师团队做好理工科大学生创新创业教育的途径

高校推进创新创业教育，要求学生在专业学习的全过程中接受创新思维训练与创业精神培养，而这些需求仅在课堂教学或实践中无法完全得到满足，需要教师对学生学习、科研、创新给予个别指导，企业家对学生创业给予帮助。为此，高校就要构建导师制为推进创新创业教育提供指导和保障。

（一）创新创业教育导师的工作核心

导师团队在创新创业教育中的工作核心需要围绕所指导学生的实际需求来展开。我们总结，目前高校大学生对创新创业教育主要有四点困惑：第一，对创业教育认知度不够，很大一部分学生没有选修过创业教育相关课程或接受过职业生涯规划或就业指导，缺乏创业知识和技能的系统性积累。第二，大学生获取的创业知识仍停留在感性认知阶段，选择创业实践训练的学生比例不高。第三，传统的教师课堂讲授创业知识的方式也受到了挑战，学生希望能有更多的创业者来分享创业体会和经验教训，而对于创业课程的内容，学生也有更高的要求，希望学校可以提供更多的创业实践和创业模拟活动。第四，大学生创新创业的起步阶段资金的问题也是制约性问题。因此，高校创新创业教育导师

首先要围绕这些问题展开教育引导。

结合理工科大学特点，大学生创新创业遇到的问题呈现出新的特点。与文科相比，理工科的专业性更强，这使得理工科学生更强调专业对口。理工科大学培养的学生是基于专业知识的“技术型”人才，目前大多数高校仍然采用传统的培养模式，经常出现“产学难以结合”“大学科技成果向现实生产力转化效率低”等现实问题。在高等教育中，理工科是发展应用学科、技术学科的基础，在现有的教育模式中，高校往往重理论轻实践。高校缺少与企业家的互动，导致创新创业教育缺少针对性和时效性；鲜有理工科院校开设创新创业必修课；辅导“双创”方面的老师缺乏实战经验；学生独立思考、解决问题的能力不足。

因此，理工科大学更适合采用“依托以企业家为主、学者教授为辅”的创新创业教育导师团队模式。引导学生先认真学习专业知识，打好基础，再开设针对性强的创业课程。例如，面向学生开设专门介绍这一专业领域技术市场情况的课程，介绍市场现有的需求情况、发展趋势等。开展校企合作，促进产学研合作，增强学生实际动手能力。同时，借助企业导师资源，为高校提供实践和实习基地，提高学生的动手实践能力；为学生提供参加企业项目的研发工作，使学生了解市场需求和市场动态，能够提前感受创业过程；最后，企业设立科技创新创业基金，对学生完成的创新创业项目进行投资，为学生创造真正的创新创业机会，加速科研成果向经济成果的转化。

此外，理工科大学创新创业教育导师的另一项重要职责，是推动高校大学生创业服务体系的进一步完善。强化创业教育和培训，建设一支专兼结合，结构合理，素质优良，兼具理论和实践能力的师资队伍，在整合学校现有创业师资的基础上，从企业、政府聘请一批企业家、成功创业者、就业指导师等兼任创业指导师[1]；通过创业讲座、校友创业报告会、创业论坛、创业计划大赛、创业模拟训练、创业素质拓展、企业实习、职业规划大赛等卓有成效的形式，做好大学生的创业教育，提升大学生的创业实践能力[2]；高校创新创业教育导师要适时面向大学生提供创业咨询、创业指导、创业项目孵化、创业场所、创业实战、校企对接等服务。另外，引导、鼓励和支持大学生到城市创业园、创业街、企业创业实习基地进行项目孵化，实现创业扶持资源的共享。

[1] 唐丽：《提升大学生创业能力的研究及展望》，《科学时代》，2013 年第 21 期。
[2] 钱国庆：《论地方性高校大学生就业思想动态及原因分析》，《中国电力教育》，2012 年第 26 期。

（二）创新创业教育导师的分类

1. 根据指导方式分类

创新创业教育中，根据导师指导方式的不同，主要有以下四种类型：第一，观念引导类导师，主要是宣传最新的就业创业政策和正确的就业创业观念，引导大学生树立积极的、正确的就业观，坚定创业信心。第二，政策指导类导师，主要是为有意向创业的大学生提供创业指导和有关法律、法规等方面的援助，增强法律意识，规避创业风险，增强创业就业实效。第三，技能辅导类导师，主要是利用自身专业实践提供技术和就业创业知识咨询等。第四，典型带动类导师，主要是通过创业经验和企业实力为创业提供智力或物力支持，为其就业提供岗位。

2. 根据指导内容分类

根据导师指导内容的要求不同，主要有以下三种类型：第一，学业导师，在对学生的个性化指导中，构建完善的导学计划，在专业学习上全面、系统地对学生学业成长进行指导，引导个人学业发展做到目标明确、及时规划，调动学生专业学习的积极性，引导学生参与创业实践。第二，科研导师，学生参与导师的科研工作，提高学生研究性学习和创新性实践能力，帮助学生获得独立解决问题的知识与技巧，增强科研合作的意识。第三，创业导师，引导学生参与创新创业实践，帮助学生正确选择创业项目、培育创业项目，将创业成果成功推向市场。

（三）创新创业教育导师团队建设的目标

1. 专业化、体系化、科学化

理工科大学在建设创新创业教育导师团队之初，即应遵循专业化、体系化及科学化的原则。从顶层设计上给予重视及政策保障，比如创新创业导师人员的选聘、考核及激励措施的制定等方面统筹兼顾、优化高效。同时，又要充分调动各级各类导师利用学分制、选课制等现有政策，积极参与创新创业课程方案的制订，创新创业教育主修、辅修、双学位等课程体系的搭建，对学生进行创新创业课程选择的指导等各个方面。

2. 促进学生个性发展与全面成长相结合

高校推进创新创业教育，要求导师在教学中实现授人以“渔”，为学生提供科学的学习方法，提升学生自主学习能力。创新创业教育导师指导的核心价值是让学生在获得学业成绩的同时，养成良好的学习态度，并掌握有效学习、自主创新的方法，提高创新意识与技能，树立创新创业精神。导师在因材施教、启发诱导、学思结合、教学相长四个方面将发挥重要作用，实现学生的全面成长成才。

（四）创新创业教育导师团队建设的路径

高校在创新创业教育的顶层设计上，应确立导师制的重要地位，从制度上明确导师制运行规则与基本要求，对导师资格、导师职责、导师工作考核等作出明确规定，形成创新创业教育导师制建设总纲领。

首先，创新创业教育导师资格的确定。传统意义上，学业导师原则上应具有中级以上（含中级）职称，且教学质量高，熟悉本专业人才培养规律与目标。科研导师应具有与所担任指导学生项目研究方向相同的学科专业背景。而创新创业教育导师的选聘，应区分校内和校外导师两种类型，设定不同的要求。比如，校内导师除满足上述两点要求外，要更多考虑其创新创业的实践经验，创新创业教育校外导师应多为企业家或创业者，或管理咨询、法律、市场营销等领域的专家，以及在创新创业领域内有丰富工作经验与认证资格的专家。

其次，创新创业教育导师的工作职责。一方面应通过师生见面会、网络、电话等多种途径，帮助学生认识和了解本专业特征，制定和完善专业学习规划，设计职业生涯，进行学习个性化指导和学习主动性指导。同时，鼓励学生参加创新创业竞赛、科研项目研究等实践活动。另一方面，应在学生科研项目研究中，指导各类创新科研项目的前期论证与申报，开展项目研究日常指导，监督项目研究资助经费使用情况，提出项目研究结题意见等。在学生参加创新创业竞赛中，开展日常训练、赛前辅导与集训、赛中指导和赛后总结等工作。最关键的是，还应在学生创新创业实训中，与创业学生沟通交流，对学生创业实践常见问题进行单独指导，对学生创业实践疑难问题进行会诊，并主动推荐相关资源，为学生创新创业成果的转化搭建良好平台。

第三，创新创业教育导师人员的选聘。理工科高校创新创业教育导师应兼顾学业、科研和创业指导三方面。导师既要是某一专业领域的专家，承担一定的教学任务，也要参与本单位的科研任务，同时具有指导创新创业竞赛、科研实训项目或者其他创业指导方面的经验。当然，针对创业方面的指导也可以采用聘请校外创业导师来弥补本校师资力量不足的情况。创新创业导师的选聘，可以采取教师自荐、学生选择与学校指定相结合的方式，每位创新创业导师指导的学生人数控制在 5 人以内更利于有针对性的指导。

第四，创新创业教育导师工作的考核。高校导师工作应依据定性与定量相结合的原则，每年考核一次。针对创新创业教育导师的考核，内容上侧重导师指导态度与方式、学生学习效果、学生创新竞赛、项目完成情况及效果以及是否组建学生创新创业团队、团队运营情况及成果等。考核过程应充分考虑学生的意见，切忌一蹴而就、短期效应，要充分考虑大学创新创业教育的宗旨和目标。

最后，创新创业教育导师的配套机制。理工科大学可发挥专业优势，尝试建立导师网络工作平台，师生在网络平台上进行学业探讨与交流，增加交流时间；引导学生积极参与教师科研工作；建立创业导师师生交流平台，举办企业家论坛，使学生有机会与企业家面对面交流；邀请企业家对创新创业团队进行定期诊断性指导，提高团队或企业的生存发展率。完善创业导师培训机构，让创业导师了解创业方面的最新政策，同时为来自不同领域有着不同背景的导师们提供一个互相交流的平台。提高整个导师团队工作的统一性、协调性、科学性，为整个团队能更好地为学生提供创新创业服务打下良好的基础。

（五）基于角色定位进行导师指导的创新创业教育内容

大学创新创业教育导师扮演着众多角色，“陪伴、服务、激励、引导、组织以及共同成长”是各类角色的关键词，创新创业教育导师主要承担着整合资源为大学生创新创业服务，搭建平台为大学生创新创业者及其相关人员提供服务，为大学生创业者做好各种帮扶工作的任务。

1. 整合资源

资源整合是导师们应该做、也能够做好的工作，是导师相比学生而言具备的优势。这些资源包括：学校的部门资源、专业教师资源、学校闲置课题资源（含闲置专利资源）、学校的校友资源、用人单位资源以及政府相关职能部门资源等。这些在一些教师眼中不那么重要的资源，对创业的大学生来说，也许是帮助他们成功创业的最重要的初始资源，整合这些资源远比给他们讲述创业政策更有帮助。

（1）部门资源。部门资源主要包括校内各职能部门所能提供的资源。比较常见的校内职能部门有科研部门、学生工作管理部门、招生就业部门、院系各级实验室以及各级领导等。这些部门能够通过制定政策、提供场地、提供资金等多方面的措施，为大学生创新创业提供资源。

（2）专业教师资源。专业教师能够针对大学生的专业特点、知识优势、平台优势进行指导，以更好地帮助大学生创业。

（3）学校闲置课题资源（含闲置专利资源）。学生在校期间所需的实践机会，不仅来源于现有的科研项目，还可以来源于闲置的课题资源和专利资源。这部分闲置的资源，可以为学生提供联系的机会，还可以让感兴趣的创业学生进行深入挖掘，增加原有的价值。这里需要注意的是，由于课题和专利都有知识产权保护方面的法律问题，在实际使用中需要规范。

（4）校友资源。学校的校友资源对创业的同学极有帮助，尤其是对想利用本专业优势进行创业的学生来说，专业领域内已成功创业的校友所走过的路更值得信赖和模仿。

（5）用人单位。高校的就业部门与用人单位有非常频繁的联系，在这个过程中，可以提供给有创业意愿的学生提前进入社会、感受市场实际氛围的机会，从而帮助他们更加明确自己的创业点及所需要解决的问题，增加创业的成功率。同时，在与用人单位的联系中，学生可以积累更多的经验，为以后的创业实践提供宝贵的基础。

（6）政府相关职能部门资源。教师可以通过学校的相关职能部门为学生提供政府相关职能部门的资源，如团省委、团市委、各级科协、街道办事处、农业局、林业局、卫生局、工商局等，为学生创业寻求更多的帮助。

2. 搭建平台

为有创业梦想的学生搭建大学生创业俱乐部等平台，是开展创新创业教育必备的功能。第一，交流功能。给对创业感兴趣的同学提供一个思想交流和碰撞的场所，例如定期的创业沙龙、投资见面会等。通过头脑风暴，引导学生就与自己所读专业有关的行业中存在的问题提出创意，并进而提出创新点。第二，培训功能。定期进行相关创业知识的培训，可以请校外导师、企业家、创业成功的校友、投资人进行相关知识的培训。第三，服务功能。整合学校的资源，并在更大的范围内引导学生就某一项目组建跨专业、跨学校的创新创业团队。第四，创新创业项目发布功能。依托平台可以对大学生的优秀创新项目进行信息发布，以让更多的企业和投资机构关注学生的创新成果。第五，资金需求信息发布功能。为大学生创业者提供资金需求发布信息，以期让有意愿投资的人了解学生的创业资金需求。不同的投资机构有不同的投资领域，可以让大学生依托平台资源有针对性地联系投资机构，减少寻找投资机构时的盲目性，增加他们的融资成功率。第六，企业创新需求信息发布功能。让大学生可以非常直接地了解市场的需要，有针对性地参与企业创新，减少项目选择的盲目性。

这里需要创新创业教育导师们注意的是，千万不要把学生的创新创业活动当作自己的业绩来展示，不要把接待参观的领导作为大学生创业者的必修课，这会给创新创业学生带来很多负担，在某种情况下甚至还会引起学生反感。

（六）对创新创业教育导师的激励办法

1. 常见的激励办法

在导师制方面，研究生导师制比较成熟，有一整套的遴选、培养和管理方式，基本形成了常规的制度与工作规范；本科生导师制还处于少数高校尝试改革阶段，制度构建水平参差不齐，有个别学校尝试进入教学工作体系，将导师带本科生工作折算成课堂教学工作量，并在评优评奖、职称晋升等方面予以政策倾斜，取得了较好的效果。

2. 基于创新创业教育视角下的激励办法

首先，学校从宏观层面对创新创业教育的开展给予人事政策的认可，对创新创业教育进课堂给予制度保障；其次，是对创新创业导师指导内容进行具体化，形成工作制度和规范，确立负责部门、工作流程、培训体系、管理考核等，同时鼓励创新创业导师多元架构，如双导师制、导师团、外聘导师制、项目制导师等。再次，对基于导师制的创新创业教育绩效考核体系的建立，需要有一个网络互动平台，并分两个层面：一方面是导师与学生的互动考核，体现双向选择、满意度打分、过程记录等内容；另一方面是导师指导学生的创新创业业绩考核，体现导师所指导学生在创新成果、创业尝试、就业选择方面的内容。例如，对前、后各 10% 的导师进行奖惩区分，对前 10% 的予以物质和精神激励，对后 10% 的教师要求其进行限期整顿改进。

3. 激励办法的重要性

建立科学的创新创业导师考评体系及激励机制，对大学生创业团队和导师团队的建立至关重要。一方面，有了科学的评估主体，就可以定时检测其在创业的每个阶段所产生的效益比，为创业的不断成长奠定基础。另一方面，有了可靠的评估主体，还可以检验创新创业导师的指导成效。通过对创业成绩的检验，能够建立科学的奖惩机制，合理、公平地分配创新创业绩效，更加稳固大学生创业团队与创业导师队伍之间的关系。

激励办法下的评价体系的建立，是大学生创新创业导师制建立的关键一环。“有开有合，有进有出”，才能使整个创新创业导师团队成为一个良性的互动整体，使之保持活力。创新创业导师队伍制度化是大学生创业走向市场化、正规化的有力保证。建立长效的激励机制也是十分必要的，这有助于避免创新创业导师仅在大学生创业团队的前期给予指点和理论上的帮助。“指而不导”“点到即止”在具体的操作上没有实质性的作为，“只负责讲，不附带做”等现象不利于创新创业导师团体与大学生创业团队形成长效的合作关系。

第三节　结　论

2014 年 5 月，国务院总理李克强召开专门会议，研究出台了“降低创业门槛、改变注册办法”等各项促进创业的措施。国务院办公厅在《做好 2014 届大学毕业生就业工作的通知》中也明确提出，“鼓励大学生自主创业，以创业带动就业”。李克强总理在夏季达沃斯论坛开幕式上还表示，要在中国 960 万平方公里土地上掀起一个“大众创业”“草根创业”的新浪潮。此后，人社部联合多部委提出了“大学生创业引领计划”，期望在 2014~2017 年三年间，通过采取创业教育和创业孵化等措施，使大学毕业生的创业率达到 10%。理工科大学创新创业的第一课堂是以教学为基础和以导师团队为指导的创新创业教育实践，其发力点在于促进了理工科大学生的创新创业教育与实践的发展。

与此同时，高校创业指导显现出两种境况：一方面是上级要求加强创业指导的呼声日益高涨，另一方面是多数学校感到压力巨大。表面上看，这是因为高校缺乏有创业经历的教师造成的，实际上则是从高校领导到一线创业导师，还没有真正意识到大学生创业的必要性和重要性，不清楚自己的角色定位和应该发挥怎样的作用，以及不知道如何发挥好指导功能所造成的。理工科大学创新创业教育，首先要解决创新创业教育进课堂的问题，同时更关键的是在大学生创新创业教育中充分发挥导师的作用，明确创新创业导师角色定位，力争成为大学生创新创业行动的组织者和引导者，帮助大学生整合资源、搭建平台，全方位帮助学生创新创业，从而收获学生创业成功带来的喜悦，促进学生成长成才，实现大学生创业的目标。

第四章
第二课堂：创新创业教育的实践拓展

创新创业教育的最终目标，是培养创新型人才，推进创业型经济发展和创新型国家建设。因此，在推进创新创业教育的过程中，不仅要重视创新意识的培养，还需要重视创业技能的训练。要使创新、创业、教育三者能够有机结合，而不是相互割裂。这就要求高校在人才培养的过程中，不仅要重视第一课堂的培养，还要加强第二课堂的实践。

创新创业教育绝不是仅仅开展第二课堂活动，还要避免将创新创业教育简单化、孤立化、狭隘化。因此，理工科大学在进行创新创业教育的过程中，需要结合第一课堂的内容要素，加强教育的实践环节，利用学生社团、科研项目、科研竞赛等多种平台，让学生有更多的机会来实践第一课堂内学到的知识与技能，并尝试通过校内的各类实践机会，不断在创业实践中进行探索和尝试。

第一节　以学生社团为载体的创新创业教育实践

一、创新创业学生社团的内涵及意义

（一）创新创业学生社团的内涵

学生社团是中等、高等学校的学生以共同愿望和个人兴趣为出发点，按照一定的规章制度自愿组成的定期开展社团活动的群众性学生组织。教育部学生司对其进行了类似的解释，认为高校学生社团是非营利性的群众组织，其成立的前提是学生自愿，目的是实现社团中会员的共同愿望，并按照其章程开展

活动。

近些年，随着高校体制改革与素质教育的不断深入，高校学生社团作为校园文化的重要载体，对大学生的影响力和吸引力越来越大，学生社团在大学生成长成才中的地位日益凸显。随着社会对创新创业类型人才需求的日益增长，涌现出了越来越多的以提升和培养大学生创新创业素质为核心的学生社团。

本书认为，创新创业学生社团是指高校中以创新创业为纽带，按照一定的规章制度自愿组成的，围绕创新创业之主题开展系列活动的学生组织。创新创业类社团能够充分发挥学生的主体精神，体现成员的自我意识，关注个体在某些方面产生的创新想法，其设定目标是通过社团的建设引导和鼓励社团成员进行自我开拓，实现学生主动参与、主动实践、主动思考、主动探索、主动创造的自主教育过程，从而培养和激发大学生的创新创业意识。

（二）创新创业学生社团的意义

1. 有利于营造浓厚的创新创业教育氛围

创新创业教育首先是一种创新意识的教育与培养。只有提高了创新创业的兴趣，增强了创新创业的意识，大学生的价值观念和价值选择才能发生转变。作为校园文化传承与发展的重要载体，学生社团对学生兴趣爱好的培养、求职领域的拓展、综合能力的提升、综合素质的提高等起到了重要的作用。尤其是学生社团中的创新创业类社团，可以充分发挥自身的优势和特点，在社团内外广泛宣传与时俱进、开拓创新的创新创业精神，配合学校营造积极向上、争优创先的环境与氛围，以更好地提升学生的创新创业热情。全方位宣传勇于冒险和敢于创新的价值观念，让创新创业文化根植于校园文化，激发学生创业的热情、动机，增强学生创业的意识，营造全校创新创业的良好氛围。

2. 有利于创新创业教育理念创新

创新创业教育的关键在丁当代大学生对创新创业活动的认同和实践，但从当前我国高校进行的一系列创新创业教育的现状来看，并未达到这一点。创新创业类学生社团一方面是广大学生以共同的兴趣爱好组成的非营利性群体，能搭建分享与交流的有效平台，另一方面，又是学校中对创新创业有一定的共识、热情和优势，不同专业和不同年级的学生汇聚而成的集合。作为创新创业类社团中的一员，不仅能以自身的示范带头作用引领周围其他同学对创新创业的认同，还能集中优势、以点带面，持续扩大高校创新创业教育的影响。

3. 有利于提高大学生的综合素质和创新创业必备能力

创新创业类学生社团为在校大学生开展系统的创新创业教育活动，一方面是为了增强大学生的创新创业意识，另一方面是为了提高大学生的综合素质及培养其创新创业的必备技能。作为学校课堂教学的补充和延伸，学生社团因其在专业上的交叉融合性、在活动上的丰富实践性、在组织上的规范社会性，从而具备了教育和实践功能。其中，创新创业类学生社团是具有共同创新创业兴趣、意愿的学生自觉自愿组成的集体，其以自主的方式自发地组织一系列创新创业类实践活动。在组织和参与的整个过程中，无论是对参与者，还是对活动的组织者都起到了潜移默化的影响，有助于学生形成高度的自觉性、强烈的事业心、紧迫的责任感和较强的管理能力。在综合能力方面，学生社团活动的开展将有助于提升学生的领导决策能力、公共关系能力、时间管理能力、挫折承受能力、仪态仪表和交际口才等。在创新创业技能方面，学生社团活动也能从一定程度上锻炼学生的创新精神、团队合作能力、专业研究能力、技术展示能力等。

4. 有利于树立公益创业的理念

公益创业，又称社会创业，指的是采用创新的方式或方法解决当前社会的主要问题，采用传统的商业手段创造社会价值而非个人价值。公益创业并不是传统意义上的商业创业，而是一种高层次的创新创业活动，强调的并不仅仅是个人价值，还有在创业的策划和过程中如何更好地兼顾公众利益和社会价值。公益创业教育就是以公益创业的理念为指导，进行公益创业所需要的意识、精神、知识、能力及相应公益创业实践活动的教育。高校开展创新创业教育，特别是公益创业教育能帮助大学生树立公益的价值观和奉献的社会利益观，指引在校大学生深入群众、深入社会、深入市场，关注社会现实问题，关心帮助社会弱势群体，增强自身的社会责任感和公益之心。创新创业类学生团体的自发性、自主性、自觉性等特征是公益创业精神和氛围传播的良好群体，有利于在高校中树立公益创新创业的理念，进而大力推动创新创业公益在高校乃至整个社会的开展。

二、国内外创新创业学生社团的发展现状

（一）国外创新创业学生社团的发展现状

当前各国高校学生社团的发展无疑处在一个上升的、非常活跃的时期（如表 4-1 所示）。美国学者赛拉蒙（L. M. Salamon）认为，“近年来，一场以有组织的志愿活动和民间非营利、非政府组织为主体的‘结社革命’正在全球范围

内悄悄展开”。另一位美国学者麦斯兹（J. T. Mathews）也认为，当前世界上的结社活动非常活跃，美国无疑是引领这一活动的中心，但他也认为中国的结社活动并不活跃。这种世界性的结社活动，主要以教育界、学术界为代表，大学的教师、学生和有关研究者是这一结社活动的积极推动者。“进入 21 世纪以来各国留学生人数的快速增长，促进了学生个体和群体活动的双向发展和互动，以及他们对安全、教育、环境等问题的关注。”这与教育、经济的全球化密切相关。

表 4-1　部分全球专业性学生社团组织

组织名称	组织简介
IEEE学生分会	电气和电子工程师协会（Institute of Electrical and Electronics Engineers，简称IEEE）是一个国际性的电子技术与信息科学工程师的协会，是目前全球最大的非营利性专业技术学会，其会员人数超过40万人，遍布160多个国家。IEEE致力于电气、电子、计算机工程和与科学有关的领域的开发和研究，在太空、计算机、电信、生物医学、电力及消费性电子产品等领域已制定了900多个行业标准，现已发展成为具有较大影响力的国际学术组织
AAPG学生分会	美国石油地质学家协会（American Association of Petroleum Geologists，简称AAPG）是一个国际地质学家组织，成立于1917年，其宗旨是推进地质学，尤其是石油、天然气矿产资源的研究。作为一个国际性组织，目前AAPG 拥有来自116个国家和地区的31000多名会员
IAHR学生分会	国际水利工程与研究协会（International Association for Hydro-Environment Engineering and Research，简称IAHR）是1935年成立的一个由水利学专家、学者、教授等以个人名义参加的群众性组织，是一个非政府性的学术团体。其目的主要是进行学术交流，为水利工程建设、科学研究及人才培养服务
ISPE学生分会	国际制药工程协会（International Society for Pharmaceutical Engineering，简称ISPE）是致力于培训制药领域专家并提升制药行业水准的世界最大的非营利性组织之一。在全球拥有25000名会员，成为提供行业信息、法规走势和生产技术等各方面的交流平台，在全球的制药行业发挥着越来越重要的作用

（二）国内创新创业学生社团的发展现状

1. 创新创业学生社团的分类

以高校创新创业学生社团的功能为依据，可将创新创业类社团分为以创新创业学习为导向的社团和以整合创新创业竞赛为导向的社团。以学习为导向的社团主要以培养社团成员的学习习惯和提高专业知识技能为目标，通过开展探究性学习和讲座，提供各类科技竞赛宣传平台和赛前培训指导来实现其目标。

以整合创新创业类科技竞赛为导向的社团，则主要协调院校两级的各类创新创业科技竞赛，通过整合科技竞赛组织资源、协调各组之间的冲突等，达到既定目标，如高校团委管理指导下的科技联合会等类似学生社团。

以高校创新创业类社团会员的情况以及其组织目标的公益性或互益性的区别为依据，可将高校创新创业类学生社团分为会员制互益型组织、会员制公益型组织和实体型社会服务社团三大类。其中，会员制互益型科技类社团一般面向一定的成员，收取一定的会费作为加入社团的资格条件，社团则根据成员的需求提供资源和服务。会员制互益性科技社团在存续过程中的收益和损失直接由其成员分享和承担，与社团外的人无关。会员制互益型科技社团“正是通过各种为成员谋利益的自利性活动来获得生存和发展的空间”，如华为俱乐部、中兴俱乐部等。公益型创新创业类社团的目标定位为国家和社会的整体利益，是专门为社会大众或某些特定群体服务的社会团体。目前，我国高校投身于社会服务，定期组织在校学生深入社会，为经济较落后的地区提供科技创新服务，此类创新服务社团的学生各有专长、学以致用，但是此类型的学生社团数量较少，未能很好地开展社会服务。实体型社会服务社团则是指有专门服务对象的学生社团组织，其服务对象主要是该高校的特定师生或社会中的某些特定团体，比如高校设立的网络服务队。

以高校创新创业型社团成立的过程、社团主要核心成员的产生、社团经费的来源等为依据，可将高校创新创业类社团分为“民办”“半官办”和“官办”三种类型。当前，大多数高校创新创业类社团都是在高校团委的领导和指导下成立的，其经费来源于高校划拨的学生社团专门经费，这类创新创业类学生社团则显现出“官办”的特性，受高校统一领导和管理。而部分学生社团是挂靠在高校团委之下，实际由学校和学院两级团学组织进行指导，并有一定的经费支持，学生自行组织相应的社团活动，这类学生社团有一定的自主性，可看作有“半官办”的性质。另外有部分创新创业类社团，完全是学生因相同的兴趣爱好和相同的梦想自发形成的社团组织，学生社团领导由内部产生，相关经费由内部自筹，可以看作是“民办”创新创业类学生社团。

2. 创新创业学生社团的特点

第一，创新性强。创新是创新创业社团的核心，也是这一类社团区别于其他类型社团的重点要素。创新创业社团通常以项目、竞赛、课题为依托，大学生们根据自身的兴趣爱好和学科背景，自主地组成团队和群体。这样的团队通常会涵盖多个年级、多个学科专业，因此也更加容易碰撞出创新的火花。

第二，实践性强。第一课堂的教学重点在于知识体系和理论基础的学习，相比较之下，创新创业社团则是一个完全由学生自主寻求实践动手机会的能力培养平台。学生在自身兴趣爱好的驱动下，基于所学基础理论知识，将理论与实践动手相结合，解决一些实际问题，这是非常好的培养实践动手能力的过程。

第三，形式多样。不同于其他类别的社团，创新创业类学生社团的活动内容形式丰富多样。由于参与学生的学科范围广，涉及的内容具有多样性和广泛性，必然会导致内容上也存在更多的可能，既可以包括理论研究、模型设计，也可以包括软件编程、实物设计等。另外，创新创业类学生社团的具体活动载体也有多种形式，例如学科竞赛、创新项目、科研项目、创业实践等。

第四，有一定的加入门槛。创新创业类社团不是简单地从零开始，仅凭兴趣出发，也不像有些社团从事的活动，是简单的体力活动或是机械性、重复性的工作。创新性和实践性的特点决定了创新创业型学生社团的参与者需要具备一定的专业基础和学习能力，有持之以恒的毅力，能够正确面对困难并解决困难。

第五，自主化能力强。在创新创业类学生社团的活动过程中，学生需要将课堂学习的被动模式转换为自主思考提出问题、解决问题的主动模式。通常，学生需要利用大量的课余时间来对某个问题进行深入的思考和学习，需要学会主动收集资料信息，包括跨学科的一些信息。学生需要对现状进行综述和总结，然后再进一步提出自己的解决方案和措施。在整个参与的过程中，培养学生高度的自主学习能力。

第六，成效显示度高。在理工科大学，参与和开展创新创业类活动比较容易看到成果。首先，在参与科技竞赛、项目课题等活动的过程中，创新创业类社团的学生更加容易获得一些学术类竞赛的经历和成果。其次，通过这些课题和竞赛，也会相对容易地将成果进行转化，形成一些物质回报或精神激励。这些具有高显示度的精神与物质奖励都会是对学生的参与价值的认可与肯定。

3. 创新创业型学生社团发展存在的问题

第一，缺乏系统性的规划，存在重复建设的问题。高校的社团管理一般为申报制，列出一定的计划与章程即可申报校级社团或者是院级社团。因此，学校和各个学院均有审批权限，这导致了高校社团发展现实中，类别相似的学生组织很多。这样的重复性建设会导致资源的分流，也会让学生在选择时遇到困难。

第二，缺乏专业的指导。高校的社团管理和指导教师通常是学校团委和学院的教师，而作为创新创业类的学生社团，大部分工作需要专业教师给予一定的指导。否则，仅单纯由学生自己完全自主地开展，有可能会发展成缺乏技术含量或技术含量偏低的学生社团。

第三，学生参与的持续性不够。在对理工科大学新生进行问卷调查时发现，超过60%的大学生在入校后对创新创业类活动和社团的关注度很高，但在选择时往往带有一定的盲目性。所以，随着参与创新创业类社团时间的延长，学生的热情度会出现锐减现象。尽管科技创新活动的成果显示度较高，但是由于入门门槛高、耗费时间长、难度较高等原因，很多学生难以坚持。

第四，创新创业类社团经费不足。与其他各类社团相比，创新创业类社团的经费需求相对较高。这类社团对场地、实验器材等的要求很高，同时耗费又很快。因此，经费的投入也将是影响和制约理工科大学创新创业类学生社团发展的关键问题。

三、依托学生社团做好理工科大学生创新创业教育的途径

（一）选聘优秀指导老师，引导学生社团健康持续发展

作为理工科大学创新创业类学生社团的指导者和引路人，指导教师具有引导学生社团并指引其良性发展的重要作用。指导教师在对创新创业类学生社团进行指导的时候，不仅需要有指导普通类学生社团的能力，还需要具有一定的创新创业理论知识，能够进行理论与实践的同步指导。在学生社团的实际指导过程中，应广泛、充分地集中校园内外的各种师资资源，调动校园内的教学、科研人员和校外的企业、政府人士参与指导高校学生社团进行创新创业相关活动，并提高学生社团的积极性。可见，仅仅依靠高校学生的自身热情进行此类新兴社团的进一步发展是远远不够的，创新创业类学生社团发展与进步的关键因素与其指导老师的眼界和指导能力密切相关。

（二）积极引导，努力实现“社会性企业运作”

所谓“社会性企业运作”，是指以保持高校创新创业类学生社团的公益性为前提，以创新方法支撑其社团的可持续发展，尝试运用有效的企业模式和商业手段，以提高社会公共服务和学生需求满足的效率与效益为关注点的运作模式。也就是说，用社会性企业的运营方式和方法来进行学生社团的管理和运作，其目的在于提高服务公益的效率。由此可见，对理工科大学创新创业类学生社

团进行社会性企业式的运作，其目的在于产生相应的新型学生社团，其性质与社会性企业相似，是不断成为盈利企业和公益组织的综合体的过程。在此过程中，学生社团一面组织开展公益活动，一面可进行创新创业实践的模拟。创新创业类学生社团通过这种“社会性企业运作”，不仅可以让学生在此过程中积累创新创业的实战经验，还可以进一步促进高校创新创业教育开展的实效性和持续性。

（三）整合资源，广泛开展创新创业主题活动

创新创业类学生社团的活动主要围绕创新创业相关主题展开，是高校进行创新创业教育和开展相应活动的重要阵地，为活动开展提供了良好的平台。纵观高校创新创业类社团自主组织开展的主题活动，主要以创新创业科技竞赛、企划竞赛、科技作品展示等为主，还包括整合创新创业教育资源展开的相关创新创业论坛、创新创业培训、创新创业经验交流、创新创业成功案例汇报等创新创业学术、文化活动。丰富多样的创新创业科技竞赛和主题活动的开展，有利于激发高校学生萌生创新创业兴趣和热情，提高高校学生的创新创业动力，进一步加强高校创新创业学生群体的深入交流与沟通，丰富学生的创新创业知识和体验，在创新创业精神和创新创业能力的培养上都有一定的推动作用。另外，还能营造良好的创新创业教育校园氛围。

（四）营造氛围，举办创新创业课程和大赛

理工科大学应将传统的创新创业课程教育与学生社团活动相结合，进行形式多样的创新创业模拟实践，并举办不同专业的创新创业大赛。为了激发理工科大学生的自主创新创业意识，可以以社团为单位报名参加各类创新创业比赛，以创新创业类学生社团为平台，充分发挥社团成员的积极性和主动性。理工科大学创新创业教育可重点对创新创业类社团的学生开展相应的技术培训，使更多的学生接受胆量与魄力、团队精神、领导与服从等的全面培训，以营造一种有利于创新创业社团发展的氛围，同时还可帮助大学生体验创新创业之艰辛，了解社会需求，找准就业定位。

（五）总结经验，挖掘创新创业类学生社团典型案例

目前，很多高校有意识地组建了一些运作良好的创新创业类学生社团，在营造校园创新创业氛围和增强学生创新创业动手实践方面取得了不错的效果。

电子科技大学电子工程学院，依托学院的优势学科和优质师资，于2009年成立了“电子工程学院创新创业中心”。电子工程学院以创新创业中心为平台，

全面提升学生的工程实践能力。目前接受创新创业教育的学生已达 1 万余人次。学生创新创业项目获得国家级、省级、校级、院级立项共计 1500 余项，实现本科生创新创业训练参与率 100%。经过多年的探索与尝试，创新创业中心已经成为学校最有影响力的科技类社团之一，培养了很多的科技创新人才。通过创新创业中心培育，现已成功孵化出以成都卓拙科技有限公司、成都黑盒子电子技术有限公司、成都恒高科技有限公司等为代表的注册公司，获得风投资金上千万元人民币。

电子工程学院创新创业中心是隶属于学校电子工程学院的学生创新创业社团组织，负责面向学院和全校学生开展创新创业实践活动的策划和组织实施。其任务是在学院指导下，开展激发学生创新意识、培养学生实践动手能力、增强学生创业信心的各种科技创新类活动。

该中心为拥有创新创业热情的学生提供接触和参与创新创业的技术支持平台，面向大学生组织发布不同层次的科研项目、举办科技竞赛，依托导师组织不同主题的培训课程、创办《E 路飞扬》杂志，为科技创新爱好者提供了非常好的、分层次的交流互动、促进提高的平台。

电子工程学院创新创业中心配备专业导师担任指导，包括本科和研究生学历者共 200 余人。中心设有三个实验室：该校美国国家半导体联合实验室、电路系统工作室、“E 路飞扬”工作室。中心的运作和管理由学生骨干来完成，按照学生社团的组建模式（见图 4–1）分为主席团、顾问团、技术部、创业部、管理部和“E 路飞扬”工作室，六个部门分别履行不同职责。其中，主席团统筹负责安排中心管理事务，组织中心成员活动；顾问团拥有多名教师，指导中心成员完成项目制作及相关技能培训；技术部负责创新中心成员的技术培训工作；创业部负责创新创业项目的发布、创新技术指导等工作；管理部则负责创新创业中心公共物品的使用情况及相关事务的管理；“E 路飞扬”工作室进行创新创业中心的活动宣传及《E 路飞扬》杂志的编辑工作。

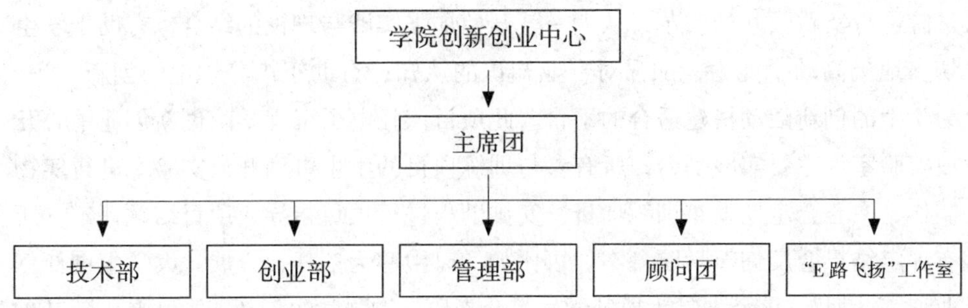

图4-1　电子工程学院创新创业中心组建模式

电子工程学院创新创业中心经过多年运作和积累，打造了一系列创新创业品牌活动。比如，举办创新创业论坛——“E创论坛”，邀请毕业校友返校分享各自的创新创业经历和感悟。该活动通过汇聚展示校友的创业成果、创新思维，培养了学生的创新精神和实践能力，搭建了交流平台，为校内团队成员提供了丰富的创业校友资源。另外，该中心依托创新创业竞赛，开展普惠性的创新教育活动。比如，组织学生参加大学生电子设计大赛。电子工程学院创新创业中心每年都会面向全校组织电子设计竞赛，主要为普及电子技术相关前沿知识，加强学生自主研究和创新的能力，培养学生对电子技术的兴趣，发掘学生潜力；促进学校电子信息类专业教学内容、课程体系及实验室建设，丰富学校电子类竞赛的形式和内容，提高学生的学习积极性，培养其创新意识和勇于探索的科学精神，鼓励更多学生多动手、多动脑。这样的比赛经历了10多年的发展，得到了两家校友企业的支持，并投入百万资金支持学校组织竞赛，实现了校企联动。学生得到了校内电子设计竞赛的锻炼，积极参与全国和四川省大学生电子设计竞赛，取得了非常优异的成绩。全国大学生电子设计竞赛作为我国教育部所倡导的大学生学科竞赛，其参赛对象是我国高校在校生，是一项群众性的科技活动，它以推动高校信息与电子类学科课程体系和课程内容的改革为基本目标，其作用在于帮助高校推进学生的素质教育，培养并提高在校大学生的创新创业意识和基本技能、团队合作的必备精神、理论与实践相结合的学风；提高广大高校学生的工程实训能力和素养，提升学生从问题出发并解决实际问题的实操能力；其竞赛平台的搭建有利于为创新创业的优秀人才的成功提供有利条件。

此外，电子工程学院创新创业中心还积极开展创新创业培训。比如，“EE启蒙”创新训练计划，是面向大一学生的普及性科技创新活动。目的在于配合学院进行实践教学的改革，从大一就开始加强实践与理论的结合，有助于学生切实地提高动手能力，加强对专业知识的认知；有助于培养学生的创新意识，为学生的创新活动搭建适合的平台。此项目依托电子工程学院创新创业中心开放实验室为主要实践平台，所有参与训练项目的学生可到开放实验室进行实物制作，中心会定期发布训练项目，安排助教进行项目指导、项目结题评定，所有评定结果会反馈至学院备案。再比如，以中心为依托，开展“大学生创新创业训练计划”。该计划是为提升学生综合素质，增强学生创新能力和在创新基础上的创业能力，培养适应创新型国家建设需要、适应各行各业发展需要的高素质人才而设定的，主要包括三种训练项目，分别为创新训练项目、创业训练项目和创业实践项目。大学生创新训练项目的目的主要是让本科生个人或团队，经过导师的指导，自主地进行创新性实验方法的设计、实验条件和实验设施的准备、数据处理与分析、报告撰写、成果（学术）交流等工作。创业训练项目主要是让学生团队策划一个创业项目，团队中每个学生在项目实施过程中扮演一个或多个具体的角色，通过编制商业计划书、开展可行性研究、模拟企业运行、进行一定程度的验证试验、撰写创业报告等工作，完整地模拟训练创业的全过程。创业实践项目主要是让学生团队，在学校导师和企业导师共同指导下，采用前期创新训练项目（或创新性实验）的成果，提出一项具有市场前景的创新性产品或者服务，并以此为基础开展创业实践活动。尤为值得一提的是，创新创业中心开设了《电子电路设计技术》系列课程，以更好地培养学院学生的电子设计基础，强化学生动手实践能力，提高学院学生对电子设计的兴趣，形成学院电子设计特有的培训体系，注重专业化、及时性及“一对一”指导。中心牵头电子设计培训课程计划，以学校《电子电路设计基础》公选课为基础，提炼适合电子工程学院学生的课程内容，聘请具有电子设计经验的教师担任该课程任课教师，课堂内容以“理论 + 实践”相结合的模式开展，实现教师指导的及时性和针对性。

最后，创新创业中心面向成员开展形式多样的创新创业实践活动。例如，为增进学院与企业的合作交流，帮助学生开阔视野，增进对电子领域企业的了解，中心每学期不定期组织学生参观优秀企业，把握专业技术发展趋势和热点。一方面，使学生在学习专业知识的同时，提高动手实践能力；另一方面，结合专业特色，增强知识转化应用，提升学生解决工程问题的能力。多年来，千余名师生先后前往各友好公司，参观他们的组装、测试和生产部门，通过部门主管的详细介绍，学生对公司的架构、各部门的情况及研发的项目和优秀成果有了更直观的感受和体会。同时，在参观过程中，邀请公司高层与学生进行座谈，了解公司的发展历程、企业愿景以及公司高层人士一路走来的求学创业历程，激励学生前行。

创新创业类学生社团为高校进行创新创业教育搭建了很好的平台，有助于创造良好的创新创业环境与氛围，有效地开展创新创业主题活动，并起到强化高校学生的主体地位和作用，将当前社会对创新创业精神及能力的需求真正转化为高校学生的内在需求。创新创业类学生社团应坚持以创新创业活动为载体，以提高学生的创新创业能力为核心，充分发挥学生社团优势，激发学生创新创业热情，引导学生树立科学的创业观、就业观和成才观。

【扩展阅读】

中南大学团委积极打造促进学生创新创业的“四维空间”

中南大学团委响应党中央“大众创业、万众创新”号召，准确把脉新常态下促进大学生创新创业的新问题、新需求，积极发挥高校共青团在组织动员、资源整合、载体搭建、氛围营造等方面的工作优势，狠抓促进大学生创新创业工作，通过打造创业意识激发、创业能力提升、创业资源整合、创业文化培育的“四维空间”，助燃全校学生的创新创业梦想。

打造创业意识的激发空间，让创业梦“热起来”

一是举办创业讲堂，点燃创业梦想。邀请以知名校友为主体的成功企业家、经济管理专家、职业经理人、创业投资家等人员定期来校作报告，形成“一季一讲堂、一月一报告、两周一讲座”的长效机制，分享创业经历，传递创新理念，传播创业知识，激发学生的创业梦想。二是选树创业典型，强化榜样引领。近年来，学校团委通过各类比赛、项目指导，发掘、培养了一大批创业典型，如“创青春”全国大学生创业大赛金奖获得者刘子康、“中国大学生年度人物”李海星、“中国人学生创业先锋年度人物”郭彦蕊、“全国就业创业优秀个人”耿占吉等。通过创业典型报告会、创业榜样“微访谈”、创业先锋配对指导等活动的开展，充分发挥创业典型的示范引领作用。三是成立创业协会，推动平台培育。2014 年，成立直属于校团委、由校团委分管副书记直接指导的大学生创业协会，对全校 33 个创新创业类社团（协会）进行全面整合优化，通过加强资金场地保障和业务指导，培育和壮大了一大批社团，搭建了大学生创业积极分子自主、定期开展创新创业活动的良好平台，营造了校园创业更加浓厚的氛围。

此外，积极开展校内就业创业的阵地建设，鼓励基层团组织根据社团、学院特色建立创新创业教育示范基地，多角度、多层次支持引导青年学生在创新创业之路上敢于有梦，勇于追梦，勤于圆梦。

打造创业能力的提升空间，让创业者“强起来”

一是优化整合创业导师团。建立由知名专家、成功企业家组成的“大学生创业教育指导教师专家库”，为创业项目提供“一对一”陪伴式辅导，以满足大学生创业技能需求和创业服务需求。同时，为确保指导的有效性和长期性，建立创业导师动态管理的年度评议机制。二是构建三级创业教育体系。面向全校开设创业培训课程，从创业计划书的撰写到创业风投答辩的培训，全面培养学生的创新创业能力；在各二级团组织配备本科生、研究生创业教育专干、教师，负责开展具有学院特色的创业教育工作；在学生团支部设置学生创业教育委员，负责组织具有班级特色的创业实践活动。三是组织各类科技创新创业学科竞赛。举办中南大学“升华杯”大学生创业计划大赛，从赛前培训、赛中指导、赛后跟踪帮扶等环节建立全方位竞赛服务体系，并选送优秀项目和作品参加全国“创青春”“挑战杯”大赛，实现以赛促学，以赛促优，以赛促创，全面提升学生的创新创业能力。

打造创业资源的整合空间，让创业路“顺起来”

一是设立大学生创业校友助力基金。在全国高校首开先河，采用“众筹”和“接力赞助”的形式筹建大学生创业校友助力基金。基金由校友无偿捐助，每年筹集 20 万元以上，用于资助学校各类学生创新创业活动和优秀项目，通过“大面积撒网”的普惠方式，激发学生的创新创业热情。基金的受助者，纷纷以回馈社会、回馈母校为目标，待创业成功后，将成为“接力奉献爱心，传递创业信心，反哺助力基金”的主力军。同时，专门设立基金管理委员会，由校党委书记和校长担任名誉主任，校党委分管副书记担任主任，强化领导，精心组织，严格基金的管理和使用。二是定期组织创业项目对接会。为技术含量高、市场前景好、可操作性强的学生创业项目牵线搭桥，定期举办以校友助力基金捐赠者为主体的校友资源项目对接会，形成校友投资在校大学生优秀项目的帮扶模式，鼓励好的创新创业项目实践落地、实际运营。如成功助推学校大三学生研制的自主续航无人侦察机项目获校友 1.2 亿元意向投资。三是实施“大学生创新创业启航行动”。通过对优秀大学生创业项目进行立项，在资金、技术、政策等方面给予专门扶持，积极协调各方资源为创业大学生提供“一站式、零距离”服务。

打造创业文化的培育空间，让创业风“火起来”

一是举办“互联网＋”创业系列沙龙。顺应“互联网＋”趋势，以学生创业先锋、创业积极分子为主体，邀请学校创业校友和相关领域知名专家学者参加，定期交流研讨，从理论视角和实践经验两方面探讨互联网创业话题，打造新常态下大学生创新创业思想库。二是开展“创业梦想与实践之路”两岸大学生交流研习营。举办以创业为主题的海峡两岸大学生交流活动，加强两岸大学在创业文化培育方面的沟通和交流，推动学校创业文化“引进来”和“走出去”，开拓学生创新创业视野。三是筹办“创业青春汇”湖南省首届大学生创业真人赛。活动以创业励志教育为主要内容、以创业文化营造为目的、以创业精神展示为核心，设置风采展示、实战任务演练、人物访谈、创业话题激辩、精英企业家分享等多个比赛环节，创新比赛机制和形式，营造积极向上的创业文化氛围。

第二节　以科研项目为抓手的创新创业教育实践

一、大学生科研项目的内涵及意义

（一）大学生科研项目的含义

1. 科研项目

所谓科研项目，即开展科学技术研究的一系列独特、复杂并相互关联的活动，这些活动有着一个明确的目标或目的，必须在特定的时间、预算、资源限定内，依据规范完成。项目参数包括项目范围、质量、成本、时间、资源等。科研项目包括国家各级政府成立基金支撑的纵向科研项目（课题）、来自于企事业单位的横向科研合作开发项目（课题）和学院自筹科研项目（课题）。

从高校角度看，科研项目可分为校外科研项目（项目研究经费来自校外）和校内科研项目（项目研究经费来自校内）两大类。校外科研项目又可分为纵向科研项目和横向科研项目两种。纵向科研项目是指科技部、国家自然科学基金委、国家社科规划办、教育部、地方省 / 市科技厅、地方省 / 市教育厅、市科技局等政府科研主管部门批准立项的各类科学研究项目。横向科研项目是指由其他政府部门（含国家部委、省市部门）、企事业单位、公司、团体或个人委托高校的教学科研单位或教师进行研究或协作研究的各类课题，包括国际企业合作项目。

2. 大学生科研项目

大学生科研项目，指大学生在导师的指导下独立完成项目研究的工作，可以是实验或调查等多种研究形式，又被称为大学生科研训练计划（student research training，SRT）。[1] 科尔指出：大学生的科研能力常常被用来指大学生在一个项目中做教师的研究助理，或者指学生自己设计自己的项目和公开科研成果。[2]

根据《教育部、财政部关于实施高等学校本科教学质量与教学改革工程的意见》要求，各高校在“十二五”期间实施大学生创新训练计划。该计划是指学生在导师的指导下独立自主地完成项目的研究工作，是高校改革本科生教学模式的重要举措。该计划为学有余力的大学生提供了直接参与科研和创新的机会，让学生以研究和实践的方式学习，提高了学生对知识的理解掌握程度，也通过项目的实施让学生更快进入专业科研的状态。教育部的此项决定，旨在通过实施国家级大学生创新创业训练计划，促进高等学校转变教育思想观念，改革人才培养模式，强化创新创业能力训练，增强高校学生的创新能力和在创新基础上的创业能力，培养适应创新型国家建设需要的高水平创新人才。

大学生创新训练计划将大学生创新实践项目分为三种类型：创新训练项目、创业训练项目和创业实践项目。其中，创新训练项目强调项目设计研究的过程，培养和训练学生的科研基本功，主要面向全日制本科学生或创新团队，探索以项目为载体的研究型学习和个性化培养模式，激发学生学习的主动性、积极性和创造性，培养大学生的创新实践能力。其项目具有三个显著特点：首先，以兴趣驱动。参与计划的学生须学业优秀、学有余力、善于独立思考、实践动手能力强，对科学研究、科技活动或社会实践有浓厚的兴趣，具有一定的创新意识和研究探索精神，在兴趣驱动和导师指导下可以完成项目开发过程。其次，突出学生主体性，在导师的指导下，学生自主参与实践创新训练，参与计划的学生自拟题目、自拟方案、自由组队申报、自主管理和完成实验。第三，注重“研究过程”。科研训练计划从选题、立项、指导到评审整个过程注重创新性实验项目的实施过程，强调项目实施过程中每个学生在创新思维和创新实践

[1] 郝智、伍玉娇、张金柱、万明攀：《以大学生科研训练计划为载体 培养创新人才》，《实验室研究与探索》，2010 年第 11 期。

[2] 转引自王莉：《研究型大学本科生科研活动管理研究》，武汉理工大学硕士学位论文，2008 年。

方面的收获。

科研训练计划是对在校大学生进行教育培养的重要改革措施，但其意义绝不止于大学生的在校学习阶段，对其走入社会、从事专业工作、开展科技创新活动及职业生涯发展都将产生深远影响。现代化的人才培养理念越来越趋向于人才的能力和应用培养，其实际呈现结果就是对科技创新及创业能力的培养与提高，而这些能力的培养若按过去的“理论优先、灌输为主”的教学模式开展，难以取得实效，科研训练计划作为一种创新的教学模式，必将有利于这一教育目标的实现。

【扩展阅读】

大学生创新训练计划项目较原有大学生的科研项目更强调过程管理，实施中期考核、经费浮动等管理方式。通过项目中期验收，给予科研成果突出的项目团队更多的经费支持，同时减少或终止验收不合格项目的经费支持，此激励政策给大学生的科研项目实施过程提出了更高的要求，更需要各组织单位对自己单位获批项目的进展情况有实质性的掌握。

（二）大学生科研项目的功能

科研训练是指用训练的方式使大学生进入科学研究的全过程中，在过程中不断明确其根本要求，进一步掌握科学研究的基本方法，是提升学生的问题意识、学以致用的能力、分析问题和解决实际问题的全方位能力的实践活动。经过系统的科研训练，大学生的创新创业素质和创新创业能力将会得到很大程度的提高。由于科学研究具有系统性、知识性、探索性的特征，因此对大学生进行科研训练具有以下功能：

1. 完善知识结构

由于受传统教育观念和方法的影响，大学生习惯于现有书本知识的学习，满足于记忆和重复，并且受到专业口径狭窄的限制，接触跨学科和交叉学科的知识并不多，造成知识深度、广度和精度明显不足，知识结构不够完善，不能满足科技和社会发展的需要的状况。通过认识和探索未知世界的科研实践活动，可以让学生了解科学技术发展的最前沿，接触本领域的新知识、新技术、新工艺、新材料与新方法，形成比较完善合理的知识结构，为今后的创新活动奠定扎实的基础。

2. 启迪创新意识

创新是产生于主体意识驱动下的自觉行为。在传统教育中，由于缺少科研训练，学生在学术行为上往往表现为人云亦云、亦步亦趋、迷信权威、创新兴趣不浓、意识不强，这对创新主体来说是十分有害的。科研训练可以使大学生产生强烈的创新动机，树立正确的创新目标，充分发挥创新潜力和聪明才智，释放创新激情。在科研实践中形成的敢于质疑、勇于挑战、善于超越的创新品质，对启迪创新意识尤为重要。

3. 激发创新思维

创新思维是在思维方式和过程中富有独创性且能够产生创新性成果的思维形式。创新思维是整个创新活动智力结构的关键，是创新能力的核心。传统教育模式下，学生以书本为中心，思维僵化、思维模式单一的情况亟待改善。科研训练可以培养大学生积极的求异性、敏锐的观察力、丰富的想象力、活跃的灵感，从而激发大学生的创造性思维。

4. 拓展创新技能

创新技能指的是创新主体需要具备的有关信息加工与处理能力、动手实操能力、语言表达能力、创新表现能力和及时掌握并运用新技术和方法的能力。如今，高校教育还存在着一定的课堂教育体系、课堂教学内容、教学方法等方面的问题和不足，进而导致高校学生创新技能的匮乏。而科研训练则能使高校学生接受海量的资讯，引导学生正确运用其原理和方法，提高实践能力和操作技能，以及语言表达和归纳总结的能力，最终使学生得到创新技能的拓展提升。

5. 塑造创新人格

创新活动并不是纯粹的智力活动，还需要以创新情感为动力。只有在智力和创新情感双重因素的作用下，创新才能获得综合的效应。长期缺乏创新实践的大学生，难以突破自我意识障碍、情感障碍、认识障碍和动机障碍。科研训练可以帮助大学生树立投身科学研究的远大理想，追求真理的坚定信念，释放创新激情，强化广泛的创新兴趣，克服自卑与胆怯、从众与保守、嫉妒与自负、倦怠与颓废等心理障碍，使大学生形成健全的创新人格。

（三）大学生科研项目的意义

大学生科研能力的培养是人才培养过程中的重要环节。现代社会对大学生培养的质量和标准提出了更高的要求，培养大学生的科研能力，是现代化社会发展的客观需要，也是当今社会对人才发展的需求。作为教学活动的进一步深入，每年一度的大学生创新创业训练计划项目为大学生提供了了解课本和课堂外更多专业知识的机会，使学有余力的同学可以组队或独立完成科研项目，提供学生增强专业素养和多方面能力的机会。通过完成项目的方式，大学生可以对感兴趣的问题展开研究，有效地增强自己对科研工作的兴趣，提升科研水平。所以，加强对大学生创新创业项目的管理，是非常有必要的。

【扩展阅读】全国大学生创新创业年会举行的创意项目大多关注民生

由教育部、科技部主办的第七届全国大学生创新创业年会于2014年10月18日至19日在西安交通大学举行，这是首次在西部举行的年会。本次年会吸引了来自全国近300所院校、700余名师生代表参与，240项国家级大学生创新创业训练计划项目参与了大会交流，项目覆盖了理、工、农、医、文、法等12个学科门类。

本届年会的参展规模和参会人数均创历史新高，为大学生创新创业训练计划工作的实施提供了有力的平台支持，为优秀创业项目成果转换提供了纽带。年会共收到来自394所高校的候选论文672篇，候选展板592个，候选创业推介项目138个。经过初评、复评，遴选出90篇学术论文、120个创新创业展板、30个创业推介项目参加年会。

据了解，全国大学生创新创业年会系首次在西部举行，西安交通大学携手参与国创计划的600余所高校，同时邀请无参展项目的西部高校一同观会，对西部高校的创新创业工作起到了很好的辐射和带动作用。

年会还邀请了企业家代表和天使投资人作为嘉宾，参与点评创业推介项目，将他们的人生经验传授给创业团队，现场接洽优秀创业项目及团队，加速优秀创业项目社会化。

会中，120项大学创新创业项目在西安交大思源活动中心展出并参与了评选。会议代表通过网络投票的方式，评选出10个“我最喜欢的项目”、10个“最佳创意项目”。记者走访发现，参展项目大多关注民生。北京林业大学的“老年人行走助力装置”，用以解决有行走障碍的老年人的生活问题；中南大学的“新型多功能自行车的研制”，用以解决生活中自行车不易存放的问题；西安交通大学的“陕西省住房保障现状及其发展趋势的调查研究”，为解决陕西省住房问题提供了一些数据支撑和理论依据。展厅里人头攒动，参展的同学们也不遗余力地推介自己的项目。“残疾人鼠标控制”等10个项目被评为“我最喜爱的项目”，“老年人行走助力装置”等10个项目被评为“最佳创意项目”。其中，北京理工大学“大角度适量推进式水下多用途机器人”“基于人体工学的穿戴式增力套装”同时获评“我最喜爱的项目”“最佳创意项目”。

同时，专家将90篇优秀大学生论文分为工学、理学、综合类等5个小组，进行了宣讲和点评，最终评选出10篇优秀论文。“分析3D打印技术对经济发展的影响”“妊娠期糖尿病形成机制的研究”“高速公路收费站运营效率的优化研究”“斑节对虾抗菌肽基因的克隆及其序列分析”……或贴近生活，或别出心裁，大学生们的创新意识得到了与会专家的一致好评。西安交大“石墨烯复合材料的光催化及抗菌性能”等10篇论文获评“优秀学术论文”。

此外，创业项目也按照分组进行了推介和答辩，评选出“创业项目奖”4项。来自IBM等公司的评委对数十所高校大学生的创业项目进行了点评、分析。记者在现场看到，大多数创业项目已经注册公司并开始运营，如西安交大学子组建的苏州朗日光电科技有限公司就是以3D系列扫描仪为核心竞争产品的公司。创业项目涉及面极广，天津工业大学卧卫用凝胶制品涵盖了床垫、面膜、鞋垫和各种小工艺品，中国药科大的茶特尔电子商务有限责任公司则致力于打造茶叶品牌，而上海金融学院的项目关注的则是快递业的“最后100米”。许多项目团队架构清晰，定位精准，有着很强的营销意识，评委们对这些优秀的项目也是赞赏有加。最终，西安交大朗日光电3D扫描仪等四项目获奖。

二、国内外大学生科研项目的发展现状

（一）国外大学生科研项目的发展现状

国外大学非常重视学生科研能力和创新能力的训练和培养。1969年，美国麻省理工学院负责本科教学的马格利特院长提出并创立了“Undergraduate Research Opportunity Program, UROP”（“本科生研究计划”）[1]，鼓励一部分达到一定条件的本科生参与教师的科研项目。这种将项目与教学相结合的培养方式，为学生创新能力的培养提供了非常广阔的舞台。

紧跟着麻省理工学院的脚步，加州大学洛杉矶分校也在20世纪80年代初开始了本科生训练计划的尝试。到了90年代，美国的研究型大学开始普遍推广本科生科研训练计划，越来越多的美国高校为本科生提供了接触到科研训练的机会和服务。

[1] 王莉：《研究型大学本科生科研活动管理研究》，武汉理工大学硕士学位论文，2008年。

（二）国内大学生科研项目的发展现状

我国高校自 20 世纪 90 年代开始引入本科生的科研项目训练计划。其中，清华大学在已有的机械、电子、结构、数学建模大奖赛等学生课外科技活动的基础上，于 1995 年提出了“大学生研究训练计划”（Student Research Training, SRT），并于 1996 年开始正式实施。1998 年，浙江大学开始试行“大学生科研训练计划”（Student Research Training Program, SRTP）。随后，一些高校也相继实施了类似的本科生科研项目训练计划，培养大学生的创新精神和创新能力。

（三）国内大学生科研项目训练存在的问题

对国内高校现有的大学生科研项目训练计划进行总结分析，可以发现国内大学生科研项目训练存在以下四个方面的问题：

1. 未充分调动、发挥学生的主体性

科研项目训练的主体是学生，应该在导师的调动和指导下，充分发挥学生的主体积极性，鼓励学生在一定的范围内自主地提出问题，并由学生在导师的指导下探索和制定解决方案及计划。而现有的科研项目训练计划存在不同情况，一是“包办型”，教师根据自己研究项目的情况替学生决定课题内容和方向，学生根据教师的研究思路和研究内容进行一些后续的工作。二是“被动型”，学生自主进行科研项目，但如果没有管理部门的通知或督促就不会主动与导师联系接受指导，这种情况下学生能够得到的指导不多，进步也比较缓慢。

2. 传统的教学模式无法满足学生开展研究性工作的要求

我国高等教育的模式长期以来是以教师为主，采用教师讲授和灌输的方式，而非参与互动式的教学模式。传统教学模式下培养的学生普遍带有被动学习理论知识的特点，部分学生将考试分数作为衡量学习能力最重要的标准。在传统教育模式下培养的学生，往往缺乏创造性和积极主动思考的能力。因此，学生在自主地进入研究性工作或项目时往往会觉得难以入手。

3. 经费投入不足导致大学生参与科研训练的空间有限

大学生参与科研项目训练除了通过自主收集资料、提出问题外，需要一定的实验条件与基础来完成后续的项目计划。而学校投入的科研经费、实验条件都将是制约学生参与科研项目效果的因素，部分导师因为缺乏科研经费或者实验室空间有限而无法对本科生进行充分的指导。在美国，政府、社会、学校都非常重视对大学生科研活动的投入与支持。以斯坦福大学为例，2002 年，斯坦福大学用于资助 861 名学生进行研究项目的经费为 225 万美元。充足的经费和实验环境的支持是持续、充分开展大学生科研活动的基本保障。

4. 管理和激励机制不完善

目前，国内高校开展大学生科研训练计划是依托校、院两级的管理，学校统筹项目的立项与发布，学院进行具体的执行和管理。从学生角度而言，由于理工科学生往往存在课程学习时间紧、任务重，对研究性工作的不适应、自我时间管理能力不足等问题，不能够主动地计划和规划好时间进度安排。部分学生在申请立项科研项目之后，会出现因为时间安排、进度安排等不合理而申请退出或无法完成的情况。同时，对于项目的过程监督也缺乏健全机制。现有的机制通常重视两头，即立项和结题，忽略了在真正重要的过程中对学生的进展与提升的关注。从导师角度看来，指导学生进行科研训练计划是一个费时费力的过程，往往也不一定能够得到具体成果和奖励。由于缺乏对于导师的激励机制，真正用心对大学生进行科研指导的老师人数不多，影响了大学生参与科研训练的效果。不健全的管理和激励机制严重影响和制约了学生科研训练计划的开展。

三、依托科研项目做好理工科大学生创新创业教育的途径

（一）科研思维融入课堂，调动学生参与项目的积极性

理工科大学生需要在创新创业训练中具备发现问题、提出问题、思考问题、解决问题的能力。由此可见，当前的基础课程应改变传统的以“填鸭式”为主的教学方式，并对授课方式进行改革创新。例如，采用启发式的教学方式培养学生发现问题的能力。将教师单一讲授的单向性教学方式转化为学生积极参与、主动互动的双向教育模式，在与教师的讨论与交流中激发学生的思维，提高学生的主动性与思考性。在教学的同时，也应当鼓励低年级学生尽早走进教研室，在近距离参观和学习中了解前沿知识，接触项目执行，从而起到激发学生科研兴趣的目的。

（二）科研训练过程教师全程指导，充分发挥学生主体作用

以创新项目为载体，学生在教师的指导下共同探讨解决问题的方法，改变了以教师、教材为中心的传统教学模式。学生能够利用掌握的专业知识，带着问题去学习和研究，在发现、分析、解决问题的过程中提高学习兴趣和热情，可以培养其创新意识和实践创新能力。

目前，学生参与科研项目的形式主要有：主持各类创新创业项目、实验室

开放项目，参与教师主持的科研项目，以及学术论文的撰写等。在导师的引领下，鼓励学生积极参与不同项目的申报和研究。导师针对学生欠缺的科研思维以及科学选题进行引导，而对科研过程中如何进行查阅文献、论文撰写、结论总结等方面进行详细指导，使学生能够完整地了解项目如何申报、立项、研究和总结的全过程。这不仅提高了学生的科研水平、思维和创新能力，而且提高了学生的团队协作精神。以学生主持的科研项目为例，构建“学院—导师—项目组成员（学生）”三位一体的学生科研活动模式（如图 4–2 所示），是对学生创新思维和实践创新能力培养的最有效的途径之一。理工科大学可以将学院、导师、项目组成员进行划分，设定不同的职责。学院的主要职责是在项目管理上制定相关政策措施和运行机制，支持和激励学生参与科研活动；建立实践创新办公室，以各类科技竞赛、课外科技创新活动、社会实践等为主要载体，给师生提供良好的科研平台；并对科研项目的活动过程进行督查。导师负责组建科研团队，为了使项目组成员对该项目有所了解，导师对整个项目的研究背景、技术路线等进行详细介绍，对整个科研团队进行科研基本知识培训；做好对科研团队的指导工作、中期检查和项目完成后的验收工作。以大学生科技创新项目为载体的创新创业教育，不仅让学生参与课题研究各个环节的具体工作，而且对提高学生的科研水平、培养学生的科研态度、方法和科研精神都具有重要意义。

项目学生负责人在导师的指导下，先做好选题工作，再对课题小组成员进

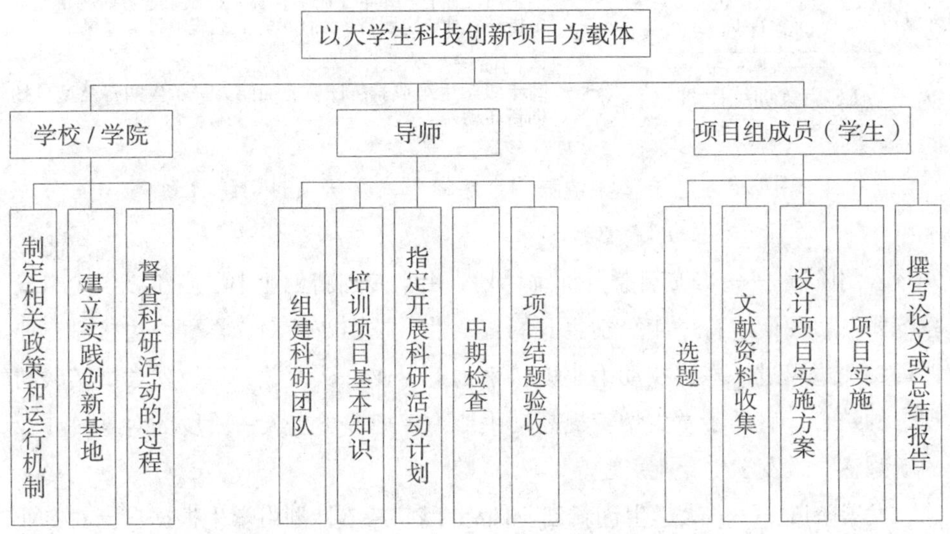

图4–2　三位一体的大学生科研活动模型

行工作分工。项目组成员分别负责文献资料收集、课题调查、制定项目的实施方案、项目实施及撰写阶段性的研究成果等，使得处在不同水平、不同专业方向的学生都拥有适合自身的锻炼机会。

理工科大学生参与科研项目，可以切实实现培养学生科研素质、科研能力、创新能力的目标，使学生能积极主动地参与导师的项目研究，从而实现导师与学生在科研方面的充分互动和融合，提升大学生的创新创业能力。

（三）分层次引导与重点培养相结合

在对理工科大学生开展科研项目训练时，训练的对象从低年级到高年级都有，学生的基础知识储备和实践动手能力参差不齐。学校应根据学生的不同阶段和对知识的学习掌握程度，分层次、分阶段地设置和发布科研项目，以此满足各个不同层次学生的需求，实现创新创业教育的全过程分阶段指导与训练。仍然以前文提到的电子科技大学电子工程学院为例，在已有的国家级、省部级项目基础上，结合学校大学生创新创业训练计划，借助学院创新创业中心培养的平台，为学生提供了“金字塔式”科研项目训练计划，如图 4–3 所示。

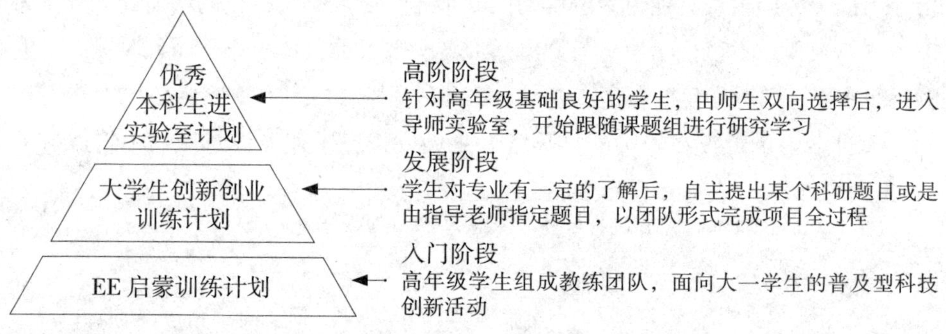

图4–3 电子工程学院“金字塔”式科研项目训练计划

入门阶段——“EE 启蒙”训练计划。由学院创新创业中心高年级学生组成教练团队，面向本科一年级学生开展普及性科技创新活动。学生一边接触专业课程，一边通过一些科技动手小项目来了解专业。从大学一年级就尝试实践与理论的结合，有助于学生切实提高动手能力，把握学生大一阶段的对学科专业的新鲜感，激发学生专业兴趣。

发展阶段——“大学生创新创业训练计划”。该计划由学生根据自己对专业知识的了解和掌握，自主提出某个科技创新题目或是由导师提出某个指定题目，学生组队完成，导师由学院专业教师担任。学生需要以团队形式分工合作，完成资料收集整理、问题分析、系统方案设计、实施与分析、总结报告等一系列项目的全过程，在过程中实现对专业知识的实践应用和自身科技创新能力的提升。

高阶阶段——“优秀本科生进实验室计划”。该计划针对本科三年级以上学生开展，这部分学生专业知识基础良好。学院收集导师名单和研究方向及对学生专业知识方向的具体需求，面向学生发布后，由学生自主申报，导师对学生进行一定选拔后，确定具体指导的学生。学生进入导师教研室，正式进入科研团队具体课题的学习和研究。这一计划是在入门和发展的基础上，针对有良好学业和实践基础的学生的拔尖高阶训练。

（四）完善管理和激励机制

理工科大学应该率先制定完整的校、院两级本科生科研训练管理办法，建立信息发布平台，专门负责项目发布、组织申报、审批验收、咨询服务、学分管理等具体事务的发布和咨询。同时建立科学化的激励机制，对开展科研活动的导师和学生分别给予一定的奖励。

1. 对学生的奖励

一是设立科研学分，让大学生的科研经历成为学生在高等教育中的必经之路；二是精神奖励与物质鼓励结合。鼓励本科生参与各级大学生创新创业训练计划，在奖学金评定中对主持和参加国家级、省级、校级和院级大学生创新创业训练计划项目并完成项目的成员，根据情况给予相应的加分，以鼓励大学生参与科研项目的热情。三是提供成果展示机会。定期举办大学生科技节、学生论坛等活动，对大学生科研成果进行展示，以激励更多的学生参与。

2. 对导师的奖励

教师对学生的指导直接影响着学生科研项目完成的水平，所以导师对项目指导所投放的精力多少、是否与项目成员间定期沟通等都关系到学生科研能力培养的质量。在教师晋升和工作评估中，将教师指导本科生进行科研训练作为重要参考指标，这一举措将提高教师对指导学生进行科研训练的热情。

经过长时间的实践与探索，以科研项目为牵引的创新创业教育将是连接第一课堂教学与第二课堂课外实践教学的有效方式与平台。结合学校教学实际情况，开展因地制宜、因材施教的分类别科研项目训练，能够优化创新创业教育手段、丰富实践教育的思路，完善创新创业教育体系。

【扩展阅读】

大学生参与科研项目的参考流程（供学生参考）：

初期设想——联系指导老师——课题构思、确定项目——填写项目书——学院、学校初审——答辩——立项——中期审核——结项（后续活动）。

第三节 以科技竞赛为引导的创新创业教育实践

一、科技竞赛的内涵及意义

（一）科技竞赛的内涵

科技竞赛是面向大学生的群众性科技活动，是在紧密结合课堂教学又高于课堂教学水平的基础上，以竞赛的方式考查学生某学科基本理论知识掌握程度和解决实际问题的能力。科技竞赛是在国家重大教改项目“质量工程”全面实施的背景下推进的竞赛活动，是发现人才、选拔人才、促进大学生成才的有效手段和途径，具有提升高校大学生动手实践能力、创新能力、创业技能、团队协作精神的重要作用。

科技竞赛是在不同主体之间进行技术水平高低比较的重要手段，竞赛的目的虽然是技能高低的比较，但是在科技竞赛的过程中所体现的并非是这一单独的目标。在竞赛的过程中，除了基本的技能水平外，参赛选手还必须要学会发现问题、设计问题以及解决问题，具备缜密的思维能力。此外，科技竞赛不同于一般的课程学习竞赛，其评价方式与竞赛命题必须与实际操作、程序控制和方案实施有着密切关系，这就要求大学生必须具备较强的科研实践能力。综上所述，科技竞赛是锻造思维能力和实践能力的综合平台。

（二）科技竞赛与创新创业的联系

1. 科技竞赛是创新创业的重要媒介和途径

科技竞赛是集智力、体力和创新能力于一体的大学生课堂教育的辅助，是创新思维走向创新实践的重要媒介，创新思维借助科技竞赛能更好地实现其价值。如果缺乏科技竞技，那么学生的创新思维与创新实践就很难得到提升，而通过竞技比拼更利于形成创新的动力，不断取得进步。正如社会学家麦克斯·阿德勒（Max Adler）所指出的：“竞争是一种超越的欲望。”科技竞赛能够为大学生提供专业知识和技能的实践平台，借助这一实践平台，将自身所掌握的理论知识转化为具体的物质形态产品或精神观念产品，一旦这些产品能够适应社会其他组织（企业）的发展需求，那么这些产品就会被以货币的形式所购买，形成价值交换，转变为自身的资本，从而拓宽大学生创新成果的转化途径。

2. 创新是科技竞赛的必然要求

要想在科技竞赛中取得优异的成绩，创新是必不可少的催化剂。当前，我国大学生科技竞赛日益呈现出多学科交叉、百花齐放的趋势。以"挑战杯"全国大学生系列科技学术竞赛为例，该项比赛的宗旨就是创新，是以课外学术科技作品为主的竞赛活动，竞赛内容包括自然科学类学术论文、哲学社会科学类社会调查报告和学术论文、科技发明制作类作品。而在这三类作品中，创新性最强也最为直观的便是科技发明制作，科技发明制作也最能够体现大学生的创新能力。2013年11月8日，习近平总书记向2013年全球创业周中国站活动组委会专门致贺信，特别强调了青年学生在创新创业中的重要作用，并指出全社会都应当重视和支持青年创新创业。为贯彻落实习近平总书记系列重要讲话和党中央有关指示精神，适应大学生创业发展的形势需要，在原有"挑战杯"中国大学生创业计划竞赛的基础上，共青团中央、教育部、人力资源社会保障部、中国科协、全国学联决定，自2014年起共同组织开展"创青春"全国大学生创业大赛，每两年举办一次。

此外，正如前文指出的，理工科大学生创新能力较强，在今后创新创业方面的发展优势更为明显。科技竞赛为理工科大学生提供了创新能力检验的平台，学生通过展示创新性的物质产品或精神产品，并获得评委或公众对这些创意的认同与应用，不但给了大学生创新创业实践的信心，也能从一个侧面了解到自身能力提升的空间。

（三）创新创业科技竞赛的作用和意义

1. 为践行理论知识提供实践平台

开展科技竞赛，可以提高大学生的创新能力和实践操作能力。在大学里开展数学、电子、自动化、计算机等各类学科竞赛，能够激发大学生主动参与的热情，在教师的指导下选题、分析、设计、制作、完成作品甚至完成论文撰写，这一系列过程的实质就是学生不断探索、不断创新的过程。经历科技竞赛，可以让大学生的独立思考能力、创新思维能力、逻辑判断能力等得到提升。

2. 激发学生的专业学习兴趣

科技竞赛需要一定的专业知识为基础，同时科技竞赛构建的体验性、专业性、竞技性的平台将会让大学生深入其中，充分调动学生自主学习的能力去发现问题、解决问题。在竞赛的过程中不断出现问题后，需要大学生及时反思自己专业知识的不足和欠缺，及时自学弥补知识不足并解决问题。科技竞赛培养了学生自主学习的能力，也完善了大学生的知识结构，激发和提高了学生的学习热情和学习兴趣。

3. 培养学生的团队合作精神

目前，90 后大学生普遍为独生子女，自我意识强，合作能力和沟通能力欠缺。科技竞赛均以团队或小组的形式组队参赛，3~5 人组成队伍，共同参赛。在竞赛的过程中，队员的团结协作是制约比赛成绩的关键。通过竞赛的较量，可以培养大学生的竞争意识、为团队争光的集体荣誉感，并且在竞赛中通过教育引导，与其他同学之间不断切磋磨合，锻炼大学生面对挫折的心态及与他人分工合作的协调能力。

4. 磨炼学生的心理素质

在竞赛中，大学生需要完成查阅资料、分析题目、制定方案、论证选择最佳方案、制作调试作品、撰写论文等一系列任务。而这些任务往往会持续数月甚至数十月，在这个过程中，大学生需要经受挫折的打击和探索的迷茫，需要凭借科学探索的毅力、直面困难的勇气、勤奋求索的恒心才能完成竞赛。因此，竞赛可以锻炼大学生的毅力和耐力。

科技创新是美国、英国、日本等发达国家赖以发展的国策，大学生是国家未来科技创新的主力军。只有加强我国大学生的创新创业教育，才能落实“人才强国战略”，为国家培养高素质的科技人才。

二、国内外高校科技竞赛的发展现状

（一）国外高校科技竞赛的发展现状

在欧美国家，各级政府部门都制定了相应的科技创新保障制度，如英国的“高技能移民计划”、欧盟的“伊拉斯谟世界 Erasmus Mundus”计划、美国的“总统青年研究奖”等。这些保障制度，大大激发了高校师生参与科技创新的兴趣。自 2007 年，美国康奈尔大学、欧洲工商管理学院和世界知识产权组织（WIPO）的经济学家们，每年都会发布“全球创新指数”报告（Global Innovation Index, GII）。在 2016 年最新发布的这份报告中，排名涵盖的 128 个国家中欧美国家占据了绝大多数。欧洲小国瑞士登顶榜首，成为最具创新力的经济体。综合国力最为强大的美国则排名第四。中国进步迅速，成为榜单前 25 名中唯一的一个中等收入国家。[1]

参与报告编撰的布鲁诺·朗万认为，排名领先的美国等欧美国家拥有众多世界级的大学，而这些学校在科研方面的投资，以及在全球创新竞赛中保持领先地位所做出的努力，是这些经济体在排名中始终保持领先的重要原因之一。[2] 以美国为例，每年 5 月都会定期举办具有小诺贝尔奖之称的——“英特尔国际工程与科学大奖赛”。美国学者 Slize 就曾对美国这一科学竞技比赛进行过深入的研究，她认为在科技竞赛中必须要让学生学会科学探究、团队合作以及训练与掌握技能，此外还要尽可能地在比赛中发展学生独立工作的技能。[3] 有学者指出，通过科技竞赛可以培养学生的批判性思维，能够让学生在实践中享受科学的乐趣。[4] 美国的哲学博士约翰指出，应借助科技竞赛开发学生的脑力资源，诱发学生创造性思维的萌生，并建立起能力培养之后的创造性思维跟踪机制及信息反馈机制。

（二）我国科技竞赛的发展现状

相比国外，我国的科技竞赛起步较晚。在 20 世纪 80 年代，我国首次举办了国家级的大学生科技竞赛活动——全国周培源大学生力学竞赛（1988）。经历了 30 多年的发展，我国大学生科技竞赛的学科方向和竞赛种类日益丰富，竞赛的内容和形式也趋于完善。

目前，高校大学生创新创业类竞赛种类繁多，学科的多样性表现突出，而一些综合性的竞赛活动则需要跨学科的丰富知识积累。以创新创业科技竞赛的关注度、参与度、匹配度为统计要素，按照大学科门类，可以将高校创新创业科技竞赛分为综合类学科竞赛、理工科类专业竞赛和文科类专业竞赛三大类，如表 4–2 所示。

---

[1][2] 凤凰科技：《全球创新指数排行榜发布 中国创纪录排名第 25 位》，http://www.chinaz.com/news/2016/0817/567729.shtml，2016 年 8 月 17 日。

[3] Slisz, J. Establishing the Goals of a Science Fair Based on Sound Research Studies. *International Journal of Science Education*. 1989（14）: 393–411.

[4] Tohn, B. Missing Possible: the Science Fair, *Science Teacher*, 1985.

表 4–2 高校大学生创新创业竞赛分类

综合类学科竞赛	理工科类专业竞赛	文科类专业竞赛
“挑战杯”全国大学生系列科技学术竞赛	全国大学生数学建模竞赛	全国大学生营销大赛
全国大学生课外学术科技作品竞赛	全国大学生结构设计大赛	全国大学生ERP沙盘比赛
全国大学生英语竞赛	大学生机电产品创新设计竞赛	全国大学生广告策划比赛
“互联网+”大学生创新创业大赛	全国大学生电子设计竞赛	国际商事仲裁模拟法庭辩论赛
大学生节能减排社会实践与科技竞赛	全国大学生机器人大赛	全国大学生物流设计大赛
全国航模科技实践锦标赛	全国大学生化工设计大赛	全国文科计算机大赛

【扩展阅读】各类理工科科技竞赛举例

一、综合类学科竞赛

1.“挑战杯”全国大学生系列科技学术竞赛

（1）大赛简介

“挑战杯”全国大学生系列科技学术竞赛简称“挑战杯”，是由共青团中央、中国科协、教育部和全国学联、地方省级人民政府共同主办的全国性的大学生课外学术科技创业类竞赛。“挑战杯”竞赛在中国共有两个并列项目：一个是“挑战杯”全国大学生课外学术科技作品竞赛，另一个则是“挑战杯”中国大学生创业计划竞赛。竞赛的目的在于促进青年创新人才成长，深化高校素质教育，推动经济社会发展。

（2）参赛指南

“挑战杯”两个项目的全国竞赛交叉轮流开展，每个项目每两年举办一届。竞赛采取学校、省（自治区、直辖市）和全国三级赛制，分预赛、复赛、决赛三个赛段进行。

2.“互联网 +”大学生创新创业大赛

（1）大赛简介

“互联网 +”大学生创新创业大赛始于 2015 年，由教育部主办，旨在深化高等教育综合改革，激发大学生的创造力，培养造就“大众创业、万众创新”的生力军；推动赛事成果转化，促进“互联网 +”新业态形成，服务经济提质增效升级；以创新引领创业、创业带动就业，推动高校毕业生更高质量创业就业。

（2）参赛指南

该比赛以团队形式开展，每个团队人数为3~5人，指导教师1~2人。比赛分创意组和实践组。比赛分为校级、省级和国家级三个赛段。每年6~7月为报名阶段，7~9月左右进行省级比赛，10月左右进行国家级决赛。

二、理工科类专业竞赛

1. 全国大学生电子设计竞赛

（1）大赛简介

全国大学生电子设计竞赛由教育部倡导，面向全国大学生开展。目的在于推动高等学校促进信息与电子类学科课程体系和课程内容的改革，有助于高等学校实施素质教育，培养大学生的实践创新意识与基本能力、团队协作的人文精神和理论联系实际的学风；有助于学生工程实践素质的培养、培养学生针对实际问题进行电子设计制作的能力；有助于吸引、鼓励广大青年学生踊跃参加课外科技活动，为优秀人才的脱颖而出创造条件。

（2）参赛指南

比赛时间一般是9月末至10月初，赛期四天三夜。该比赛自由组队，每队参赛人员为3名，可设指导教师1名。比赛采取统一竞赛题目，采取通信竞赛方式，以相对集中的形式进行。竞赛采用全国统一命题、分赛区组织的方式，“半封闭、相对集中”进行。竞赛期间学生可以查阅有关技术资料，队内学生可以集体商讨设计思路，确定设计方案，分工负责、团结协作，以队为基本单位独立完成竞赛任务；竞赛期间不允许任何教师或其他人员进行任何形式的指导或引导；竞赛期间参赛队员不得与队外任何人员讨论商量。参赛学校应将参赛学生相对集中在实验室内进行竞赛，便于组织人员巡查。

2. 全国大学生数学建模竞赛

（1）大赛简介

全国大学生数学建模竞赛是全国高校最大规模的课外活动之一。2015年，来自全国33个省/市/自治区（包括香港和澳门特区）及新加坡和美国的1326所院校、28665个队（其中本科组25646队、专科组3019队）、近86000名大学生报名参加本项竞赛。本竞赛目的在于激励学生提高学习数学的积极性，提高学生建立数学模型和运用计算机技术解决实际问题的综合能力，鼓励广大学生踊跃参加课外科技活动，开拓知识面，培养创新精神及合作意识，推动大学数学教学体系、教学内容和方法的改革。

（2）参赛指南

该竞赛以队为单位参赛，每队 3 人（须属于同一所学校），专业不限。竞赛分本科、专科两组进行，本科生参加本科组竞赛，专科生参加专科组竞赛（也可参加本科组竞赛），研究生不得参加。每队可设一名指导教师（或教师组），从事赛前辅导和参赛的组织工作。竞赛开始后，赛题将公布在指定的网址供参赛队下载，参赛队在规定时间完成答卷，并准时交卷。

3. 全国大学生数学竞赛

（1）大赛简介

全国大学生数学竞赛（The Chinese Mathematics Competitions ，CMC）始于 2009 年，每年由各大高校承办。目的是激励大学生学习数学的兴趣，进一步推动高等学校数学课程的改革和建设，提高大学数学课程的教学水平，发现和选拔数学创新人才。

（2）参赛指南

CMC 初赛在每年 10 月举行，决赛在次年 3 月举行，面向的对象为大学本科二年级或二年级以上的在校大学生，分为非数学专业组和数学专业组。

4. 全国大学生机器人大赛

（1）大赛简介

全国大学生机器人电视大赛（ROBOCON）是由中央电视台主办的全国大学生科技活动，自 2002 年开始每年一届，为“亚广联亚太地区大学生机器人电视大赛”选拔中国大学生的优秀代表队，到目前为止已成功举办十五届，每届一个主题。该项大赛的目的是培养和开发全国大学生的聪明才智与创新精神，展示当代大学生机器人制作能力与高新技术应用水平。2013 年，央视正式退出该项比赛，中国失去参与国际赛资格。2014 年团中央成为该项赛事主办方，该项比赛亦称为“全国大学生机器人大赛”。

（2）参赛指南

大赛每年举办，比赛题目设计一般都具有很强的场景性，大赛的技术含量性高、对抗激烈和视觉观赏性强、学科交叉融合。每届比赛都通过电视、互联网直播，受关注度高。比如 2016 年 Robo Masters 大赛以英雄的崛起为主题，成功引入了英雄机器人、无人机、可移动基地等新元素，战场设计也增加了“资源岛”“荒地”“断桥”“河流”等不同地形和功能不同的“神符”，机器人相互配合、协同作战。参赛队员一般以团队形式出现，少则十几人，多则几十人，是综合学科实力的展现。

除了国家级层面组织主办的赛事，省级政府部门、学会、协会组织的大学生竞赛，大多数是作为参加全国竞赛的选拔赛而举办，而各高校则根据专业特色、教学需求、人才培养的需求等目的举办各类学科竞赛（见表 4–3）。这些门类的学科竞赛，已成为高校开展第二课堂、拓展学生创新创业能力的重要教学实践平台，发挥着越来越重要的作用。

表 4–3　部分全国大学生学科竞赛项目

全国大学生电子设计竞赛	全国信息安全大赛	全国大学生高等数学竞赛
全国大学生数学建模竞赛	全国文科计算机大赛	全国大学生英语竞赛
全国大学生智能汽车竞赛	嵌入式系统专题邀请赛	全国数控技术大赛
全国大学生结构设计竞赛	全国周培源大学生力学竞赛	中国机器人大赛
全国大学生机械创新设计大赛	全国大学生物流设计大赛	大学生节能减排社会实践与科技竞赛
全国航模科技实践锦标赛	全国计算机仿真技术大奖赛	全国工业设计大赛

【扩展阅读】

2015 年，“挑战杯”全国大学生系列科技学术竞赛共吸引 2000 多所高校、200 多万大学生直接参与，大赛积极促进参赛学生的科技成果转化落地，帮助有意愿利用项目成果进行合作、创业的学生及时与企业和资本方面对接。大赛期间设置优秀作品展暨创新创业成果交易会，推动“挑战杯”走向交流、交易的即时双向互动模式；赛后项目成果将在“青创板”挂牌向全国公开展示，接受投资合作。大赛期间还举行了“对话大师”系列学术讲座，邀请包括诺贝尔奖获得者在内的 4 名嘉宾为参赛师生带来顶级的学术盛宴。自“挑战杯”开赛的 20 多年来，竞赛获奖者中已经产生了两位长江学者，6 位国家重点实验室负责人，20 多位教授和博士生导师，70% 的学生获奖后继续攻读更高层次的学位，近 30% 的学生出国深造。由此可见，“挑战杯”不仅是一次大学生科技成果的展示，更是造就优秀人才的沃土。

三、依托科技竞赛做好理工科大学生创新创业教育的途径

（一）创建学生科技竞赛平台

科技竞赛是推动创新人才培养的重要手段之一。为保障教师、学生参与的积极性，同时提高参与科技竞赛的有效性，理工科大学需建立一套比较完整的学生科技竞赛组织开展实施方案，以便不断提高科技竞赛的参与度、实效性，以全局的高度统筹规划，建立创新人才培养体系。常见的做法有以下几种：

1. 广泛开展各类科技竞赛

有规划性地开展电子、机械、计算机等各类科技竞赛，使理工科大学生有机会参与各层次的竞赛，让更多的学生通过竞赛，在创新能力、动手实践能力、意志品质方面，得到不断的提高和完善。开展科技竞赛的有效模式是互助。在竞赛或者培训中，鼓励优秀的学生或者高年级的学生去帮助低年级的学生，鼓励参加过竞赛的学生带领没有经验的新手参与实践，以此来保证科技活动能够蓬勃、深入、持久地发展。

2. 完善学校的人才培养方案

科技竞赛活动是课内知识的综合运用和延展。想要在科技竞赛中获得良好的成绩，大学生就必须具备深厚的理论知识。与之匹配的是高校在课程教学中加以调整、引导，建设竞赛教学团队，开设与竞赛相关的选修课程，不仅可以推广竞赛，还可以为竞赛指导人员培养后备梯队。

3. 开展科技竞赛相关的学术讲座

针对国家级或者省级的各类重要的竞赛活动，在竞赛前期开设专题讲座，宣传并激发学生投入科技竞赛的热情，同时也能很好地补充大学生在普通课堂教学中没有学习到的一些相关技术知识、方法技巧。

（二）建立健全组织管理机制和保障体系

在组织管理机制和保障体系方面，理工科大学要为大学生参与科技竞赛提供必备的组织管理及保障条件。

1. 建立大学生科技竞赛的管理机构

为了在大学生中广泛开展科技竞赛，高校应建立稳定的科技竞赛的组织管理机构。目前，走在全国创新创业前列的一些高校，普遍依托学校建立的创新（创业）学院，管理在校大学生的创新创业教育。创新（创业）学院的组织机构一般设有常务院长、行政办公室、创新实验基地、各类竞赛领导小组、各类竞赛技术小组等。通过选拔，将有实践能力、科研能力或者理论学养深厚的教师

吸纳进创新（创业）学院，并为其提供人员、技术、设备等方面支持。高校建立组织管理机构可以对大学生参与的科技竞赛进行统筹规划、宣传、协调、培训和组织。此外，大部分高校会依托教务部门、科技部门、学校团委等部门组织开展科技竞赛及相关活动。

2. 规范科技竞赛管理并形成激励机制

为了鼓励大学生在科技竞赛中形成创新性成果，同时也为了鼓励教师探索创新人才的培养方法，理工科大学要制定鼓励学生参加竞赛的管理文件、鼓励教师参与指导竞赛的管理文件、对获奖学生及指导老师的奖励标准、对大学生科研能力的评价标准、对指导老师的竞赛培训指导的工作量计算标准等一系列的配套文件。以哈尔滨理工大学出台的《大学生研究性学习与科技竞赛管理办法》为例，该管理办法就针对科技竞赛的组织机构、竞赛等级和分类、导师的工作量认定、学生参与和获奖的奖励办法等都做了具体的规定，并在免试研究生推荐中给予了加分的优惠政策。这一办法对学校实施多样化人才培养方案、提高教师实践能力、鼓励教师进行创新人才培养、扩大学校在社会的声誉等都起到了推动作用。

3. 建立稳定持久的导师队伍

导师在对大学生进行系统的科技思维与科技方法的训练、创造能力的培养、意志品质的塑造等环节中，都扮演着至关重要的角色。教师是科学知识的传授者、思想的传播者，更是校园精神文化的重要塑造者。教师的行为会对学生产生潜移默化的榜样示范作用，因此教师首先需要具备科技创新的理念。高校有必要优化导师的队伍，打破教学单位的界限，选拔不同年龄阶段、不同研究方向、不同专业特长的教师组成相对稳定、可持续发展的导师队伍，并且注重加强师资培训和各类科技竞赛导师之间的经验交流，积极开展教育研究，导师的指导水平。

4. 创建科技竞赛的实验基地

建立创新实验基地对学校组织开展科技竞赛有着关键的作用。稳定的各类创新实验基地可以为大学生参与科技竞赛提供物质基础、培训条件，还可以扩大学生的参与面。建立创新实验基地的具体措施一般是依托各学院的专业实验室、创新实验室或者开放实验室等，并对校内外的资源进行整合。

5. 设立科技竞赛专项基金

开展科技竞赛必须有充足的资金支持，理工科大学应该设立科技竞赛的专项基金，可以用于建设创新实验基地、相关实验室、实习基地、竞赛场所、竞赛设施，也可以用于对导师、获奖学生的补贴。

6. 建立广泛的宣传平台

创办科技竞赛的相关网站，加强微信公众平台等网络新媒体的建设，扩大科技竞赛的宣传，及时报道相关信息，展示竞赛成果，提供师生交流和沟通的平台，同时通过网络的渠道，吸引更多的人加入创新创业科技竞赛。

（三）典型案例

目前，电子科技大学开展创新创业教育的做法取得了一些较好的效果。该校电子工程学院借助电信科协的资源基础，构建具有独立实验室配备的创新创业中心，搭建学院科技竞赛平台，推动创新人才的培养。

1. 搭建学科竞赛的宣传平台

在学院内部建立创新创业中心，涵盖国家级教学基地、国家级实验基地、开放实验室、专业实验室、校企联合实验室、成都市高新区创业园、校内外实践基地等多个基地平台，扩大科技竞赛的宣传面。

2. 设立完善的科技竞赛管理制度

学院建立“学院—科创中心”两级科技竞赛工作领导小组。第一套由学院为主导，学院主管学生工作的党委副书记担任组长，主管本科生教学的副院长担任副组长，各系（中心）主任、教务科长和学生科长为成员，领导小组负责学院科技竞赛的统筹、协调、资源配给等工作。第二套由学生自组织为主导，学院创新创业中心负责人担任组长，技术部、宣传部部长担任副组长，负责科技竞赛的宣传、组织、实施等具体工作，同时借此锻炼学生的管理协调等能力。

3. 成立专兼职相结合的导师队伍

注重调动一线教师的积极性，发挥教师在科技竞赛和创新创业教育工作中的作用，让教师真正成为学院科技竞赛和创新能力培养的有力保障。学院成立了由 27 名教师组成的专家指导组，建立大学生电子设计竞赛指导组，并聘请从事科研的教师担任班级导师，从而打造了一支胜任全方位的训练、指导、考评任务的教师队伍。

4. 构建完整的科技竞赛和创新能力培养的教育体系

邀请校内外专家、企业界人士、高年级学生开设各类讲座。将创新创业教育融入新生教育课、专业教育之中。创新创业中心每年举办各类科技竞赛和创新能力培养的系列活动。学院积极与企业联系，每年组织学生去广播电视台、金网通有限公司、航空航天研究所等单位进行生产实习，锻炼学生创新能力、动手实践能力，构建了“课内、课外、校内、校外”相结合的创新创业教育体系。

5. 开展多样化的科技竞赛

学院通过积极主办各类面向全校学生的科技竞赛（表 4–4），为学生提供动手实践的机会。同时，学院积极组织学生参加各级电子设计竞赛、数学建模竞赛、ACM 大学生程序设计竞赛、机器人竞赛、ADI 大学生创新设计竞赛、数学竞赛、大学生创业计划大赛等，通过这些竞赛，学生获得了很好的锻炼。

表4–4　学院科技竞赛项目

序号	开始年份	比赛名称	举办频率
1	2007	ADI创新设计大赛校内赛	每年
2	2008	“NS杯”电子设计大赛	每两年
3	2008	“EE杯”电子设计竞赛、创新创意设计大赛	每年
4	2010	专利展示周	每年
5	2012	“TI杯”电子设计大赛	每年
6	2014	“盟升杯”电子设计大赛	每年
7	2015	“泰格杯”电子设计大赛	每年

6. 多元的科技竞赛激励机制

在做好创新创业教育的基础上，对教师、学生的激励措施也是学院推动学生科技竞赛和科技创新的重要举措。对于学院主办和承办的各类科技竞赛，学院承担前期所有的宣传费用，邀请教师参与出题和技术讲座都会为教师提供一定的课酬补贴。对于参加科技竞赛的学生提供竞赛所需的所有的电子元器件，对在竞赛中表现优异的学生，学院还有奖金、学分、证书等一系列的奖励。这样不仅会调动学院、教师、学生的积极性，同时也能激励师生不断提高竞赛水平。

第四节　结　论

理工科大学开展创新创业教育，要充分融合第一课堂和第二课堂，将第一课堂的专业知识的传播与培养同第二课堂对学生创新创业能力的培养深度融合。在为大学生个性化发展和创新创业需求提供更有针对性的课程体系和教学内容的基础上，坚持兴趣驱动，发展创新创业社团，不断提高学生创新创业的体验度和参与度，让更多学生成为创新创业的“铁杆粉丝”。健全“以研促学、以赛促学”的机制，完善课内实验教学与课外创新活动、科技竞赛相互补充的多元化课外科研训练体系，鼓励教师科研课题与学生科研训练相结合，通过早期科研训练平台和科技竞赛平台，带领学生开展研究型学习和创新性实践。建立多元化的创新创业评价体系，设立科研创新学分，把教师指导学生创新创业计入教师工作量，使创新精神、创业意识和创新创业能力成为衡量人才培养质量的重要指标，真正实现对创新型人才的优化培养。

下　篇

实践篇

第五章
创新创业资源及政策支持

近年来，高校创新创业教育不断加强。截至 2015 年，全国已经有 82% 的高校开设了创新创业教育的必修课和选修课，创新创业资金达到 10.2 亿元。[1] 但是大学生创新创业还是存在资源和政策普及的瓶颈。据四川省统计局在 2015 年 12 月对四川省内的 21 所重点高校和普通本专科高校 3000 位应届毕业生的调查显示，目前在影响大学生创业的诸多因素中，排名前列的是：（1）缺乏社会经验和人脉关系。58.5% 的受访同学认为这是影响创业的最主要因素。（2）创业实习少、创业经验不足。有 55.9% 的受访学生认为这是大学生创业路上的第二只“拦路虎”。（3）资金不足，难获创业贷款。有 53.8% 的受访学生认为缺少资金对大学生创业构成了较大制约。（4）缺乏对创新创业重大财经政策的深入了解。有 40.85% 的受访学生表示不了解，有 32%~43% 的仅了解一点，仅有 11%~18% 的学生表示基本了解。[2]

创新创业项目在实际孵化的过程中，大学生还需要场地、资金、信息等资源和税费、贷款等政策方面的支持。学校应帮助学生在创新创业的整个过程中有效辨识各种创新创业所需资源，指导学生了解并有效利用国家、地方、学校在培训、场地、资金、税收等方面的各项政策，帮助学生借助校内外的力量对创新创业资源进行组织和整合，以便促进创新创业项目的成功孵化，提升绩效。

[1]　《我国超八成高校已开设创新创业教育必修课》，http://edu.china.com.cn/2015-10/30/content_36934444.htm。

[2]　《四川大学生创业主要受五大因素制约》，http://www.sc.gov.cn/10462/10464/10465/10574/2015/7/16/10343781.shtml。

第一节 大学生创新创业资源

一、创新创业资源概述

（一）创新资源的含义

1. 创新资源的含义

国内把创新成果及要素作为一种资源进行研究，兴起于20世纪90年代，类似的提法主要有科技资源、科技创新资源和创新资源。

周寄中1999年在《科技资源论》一书中，给出了国内对于“科技资源”最早的定义：科技资源是科技活动的物质基础，是创造科技成果、推动整个经济和社会发展的要素的集合。从内容上包括科技财力资源、科技人力资源、科技物力资源、科技信息资源等四个方面，是科技活动的基本要素。[1]

随后，陈宏愚提出了“科技创新资源”的概念，认为技术创新既不属于单纯科学范畴，亦不属于单纯经济范畴，而是科技经济一体化的概念，因此技术创新资源既包括科技要素，也包含经济要素。他认为科技创新资源有五大要素：基本要素（科学知识、技术、市场信息、政策信息、产业基础）、主体要素（企业家、技术专家、政府）、体制要素（制度、机制、法制）、投入要素（资金、设备、服务）和环境要素（市场环境、投资环境、文化环境）。[2]

另外，曲然给出了创新资源的定义，认为创新资源是创新活动所涉及的全部资源，是创新活动的基础。作为创新活动的投入要素，创新资源是产生创新成果，推动经济和社会生产力发展，提高人类生活质量，改善人类劳动条件的要素的总和。包含创新人力资源、创新财力资源、创新物力资源和创新知识资源四个方面。[3]

2. 创业资源的含义

创业活动离不开资源的支撑。特别是初创企业，其所拥有的创业资源更是影响企业生存和发展的重要因素，创业资源越多，初创企业的目标及战略行动越能得到有效保障。Cave认为，创业资源是指为了实现创业目标而在整个创业

---

[1] 周寄中：《科技资源论》，陕西人民教育出版社，1999年。
[2] 陈宏愚：《关于区域科技创新资源及其配置分析的理性思考》，《中国科技论坛》，2003年第5期。
[3] 曲然：《区域创新系统内创新资源配置研究》，吉林大学博士学位论文，2005年。

过程中所运用的各类有形资源与无形资源的总和。Wernerfelt 将创业资源视为在创业活动中投入的有形资产和无形资产。Barney 认为，创业资源是指企业在创业过程中先后投入和使用的企业内外各种有形的和无形的资源的总和。它包括物资资本资源（如厂房设备、设施、原材料）、人力资本资源（如创业者及团队能力、经验、社会关系及关键技术）和组织资本资源。林嵩、张帏、林强指出，创业资源是创业型企业所拥有或所能够支配的，可实现其生存与发展战略目标的，包括资产、能力、组织结果、企业属性、信息、知识在内的各种要素及要素组合。学者们在对资源内涵理解与认识的基础上，对创业资源给出了如表 5–1 所示的界定。

表5–1　创业资源的定义[1]

研究者	创业资源的定义
Cave	为了实现创业目标而在整个创业过程中所运用的各类有形资源与无形资源的总和
Wernerfelt	在创业活动中投入的有形资产和无形资产
Barney	企业在创业的过程中先后投入和使用的企业内外各种有形的和无形的资源的总和。包括了组织资源、人力资源和物资资源
Hall	指创业所依赖的有形资源与无形资源的合集，并进一步将无形资源分成资产形态与技术形态两类无形资源
Dollinger	创业组织在其活动中投入的各种要素及要素组合
林嵩、张帏、林强	创业型企业所拥有或所能够支配的，可实现其生存与发展战略目标的，包括资产、能力、组织结果、企业属性、信息、知识在内的各种要素及要素组合
李宇	创业企业在创业全过程中先后投入与利用的内外部各种有形与无形的资产总和，是创业所依赖的重要资本
刘霞；Grande, Madsen & Borch	创业企业在创业全过程中先后投入和利用的各种物资、能量和信息的总称。它作为一种特殊的资源既有所有资源都具备的利用价值，能为企业创造价值，体现企业竞争力等共性特征，同时也具有一个突出的个性特征——它是创业者捕捉创业机会与制定创业策略的基础

综上所述，创业资源是创业者在创业活动中所拥有、控制或整合的各种资源的总称。其中，政策资源、信息资源、人才资源、管理资源、科技资源等是

[1]　余绍忠：《创业资源、创业战略与创业绩效关系研究》，浙江大学博士学位论文，2012 年。

创业资源的重要方面。

3. 大学生创新创业资源的含义

在创新创业群体中，资源还会因为独特的参与者而存在差异性。大学生作为创新创业活动的主体，在学校的背景下，其所拥有的创新资源、创业资源在内容上具有兼容性。在总结文献及实际调研的基础上，本书将大学生创新创业资源界定为“大学生在创新创业活动中所投入和利用的各种资源的总和”，包括人力资源、物资资源、信息资源、管理资源、技术资源等有形和无形的资源。

二、我国大学生创新创业资源分类

在整个创新创业的过程中，必然要投入和使用各种资源。而创新创业活动本身也会不断消耗资源，同时产生新的资源，并投入到创新创业的可持续发展中。国内外的研究学者根据不同的标准对创业资源进行了众多方式的划分，如表 5-2 所示。

表5-2 创业资源的分类[1]

研究者	创业资源分类
Ansoff	从资源角度，分为人力资源、财力资源和物质资源
Barney	在一般意义上可以分为物质资源、人力资源、组织资源
Timmons	分为核心资源、基础资源、其他资源。核心资源与基础资源是生存型创业所必需的，其他资源积累得越全面，创业成功可能性也越大
朱炎	包括自有资金、亲情资金、关系资源、技术产品
雷家骕、冯婉玲	创业资源要素主要包括有望成功的创业计划，设立企业和起步需要的资金，起步项目依赖的技术和人才，技术、行业及政策信息，社会联系，营销网络
林嵩	创业资源包括资金资源、人才资源、管理资源、信息资源、科技资源及政策资源六大类
姚梅芳、黄金睿 张旭阳	基于Timmons研究，分为核心资源、基础资源、其他资源。并进一步将核心资源分为人才资源、管理资源及技术资源，基础资源分为资金资源与场地资源，其他资源分为政策、人脉、信息等
李宇	基于Ardichvili研究，从企业内部与外部、资源的有形与无形两个角度将创业资源分为内部要素资源和外部网络资源两大类

基于上述文献研究，考虑创新创业资源的定义，从理工科大学生创新创业

[1] 余绍忠：《创业资源、创业战略与创业绩效关系研究》，浙江大学博士学位论文，2012 年。

实际出发，将大学生创新创业资源分为以下几种。

1. 有形资源和无形资源

按照创新创业资源的存在形态，可以将大学生创新创业资源划分为有形创新创业资源和无形创新创业资源两类，如图 5-1 所示。有形资源是指可见的，能用货币直接计量的资源，主要包括科研仪器、设备、实验设施和图书等物资资源，用于研发和生产的资金资源，以及厂房、土地等场地资源等，此外还包括了一些特殊的知识与技术的载体——人力资源。无形资源是指长期积累，没有实物形态的，甚至无法用货币精确计量的资源，包括专利、非专利技术成果等技术资源，智力、经验和科学思想等管理资源以及人脉资源等。尽管无形资源难以精确量化，但由于无形资源一般都难以被竞争对手了解、购买、模仿或替代，因此，无形资源是一种十分重要的核心竞争力的来源。

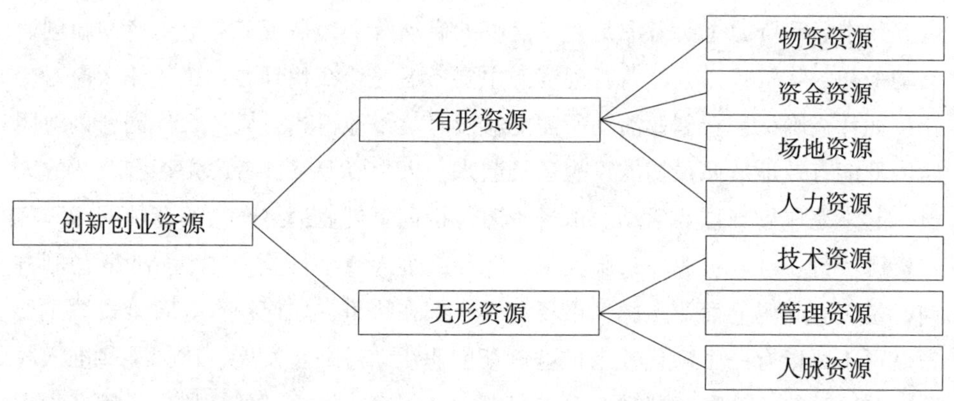

图5-1　基于资源存在形态的创新创业资源分类图

2. 直接资源和间接资源

根据资源要素对创新创业活动的参与程度，创新创业资源可以分为直接资源和间接资源。财务资源、经营管理资源、人力资源、市场资源是直接参与创新创业活动战略规划的资源要素，所以把它们称为直接资源。政策资源、信息资源、科技资源这三类资源要素对于新企业的影响更多的是提供便利和支持，而非直接参与新企业战略规划的制定和执行，因此，对于新企业战略的规划是一种间接作用，可以把它们称为间接资源。根据上述分析，创新创业资源的概念模型，如图 5-2 所示。

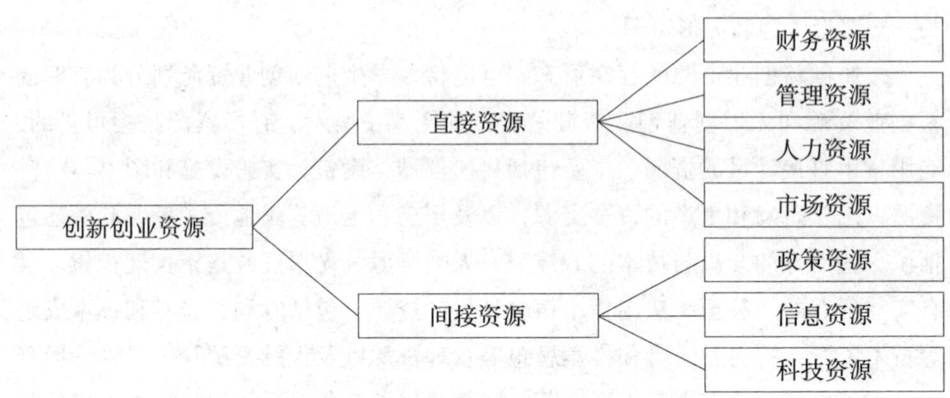

图5-2 基于资源要素的创新创业资源分类图

其中财务资源主要考虑是否有足够的启动资金，是否有资金支持创新创业活动最初的物资投入。经营管理资源主要考虑凭什么找到客户，凭什么应对变化，凭什么确保创新创业活动所需能够及时足量地得到，凭什么让创新创业团队内部能有效地按照最初的设想运转起来。人力资源条件考虑是否有合适的人员一起来完成创新创业活动。市场资源包括创新创业最终产品的营销网络与客户资源、行业经验资源、人脉关系，凭什么进入这个行业，这个行业的盈利方向，是否有起码的商业人脉，市场和客户都在哪里，如何销售。政策资源主要考虑可不可以有一个孵化器来推进创新创业活动进一步发展，比如某些准入政策、鼓励政策、各种扶持政策等。目前，从国家、地方、到高校自身都在加大对创新创业的投入力度，因此掌握政策资源对创新创业活动有非常积极的意义。信息资源包括依靠什么来决策，从哪里获得决策所需的信息，从哪里获得有关创新创业资源的信息。科技资源主要考虑凭什么在市场上竞争，为社会提供什么产品和服务。

3. 核心资源和非核心资源

基于 Timmons 的资源基础论，创新创业资源可分为核心资源与非核心资源。如图 5-3 所示。

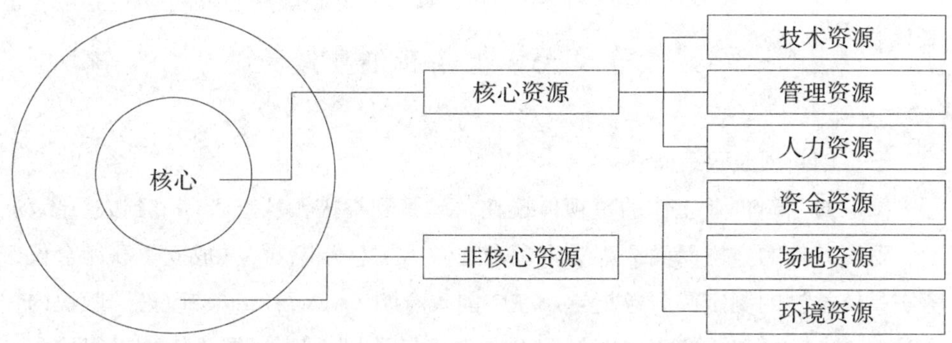

图5-3　基于Timmons理论的创新创业资源分类图

核心资源主要包括技术、管理和人力资源。这几类资源涉及创新创业活动的核心竞争力，可以直接促进创新创业活动的发展和成长。创新创业活动是以这几类要素为基点，扩展创新创业活动发展外延。人力资源对于创新创业活动来说，是一种主要的知识财富，是创新的源泉，是创新创业活动可持续发展的关键。管理资源可以理解为创新创业者资源。创新创业者自身素质对于创新创业活动的发展有着至关重要的作用，其个性、对机遇的识别和把握、对其他资源的整合能力都直接影响着创新创业活动的成败。技术资源是创新创业活动的立身之本和市场竞争之源。

非核心资源主要包括资金、场地和环境资源，可以影响核心资源，并间接促进创新创业活动发展。如何有效地吸收资金资源，并保持稳定的资金周转率，实现预期的盈利目标，是创新创业活动成功与否的关键。场地资源指的是创新创业活动用于研发、生产、经营的场所。[1] 良好的场地资源能够降低运营成本，提供便利的生产经营环境，使其短期内积累更多的客源。环境资源作为一种外围资源，影响着创新创业活动的发展。例如，信息资源可以提供给创新创业者优厚的场地资金、管理团队等关键资源，文化资源可以促进管理资源的持续发展等。识别核心资源、立足核心资源、发挥非核心资源的辐射作用，实现资源的最优组合，这是创新创业资源运行机制的基本思路。

[1]　林洵子：《企业集群对创业资源的影响》，《上海企业》，2006 年第 8 期。

第二节 大学生创新创业政策

一、创新创业政策概述

国家对创新创业工作的重视体现在从政策到举措，从准入环境到人员、场地、财税政策的方方面面，都提纲挈领地做出了总体规划，并成立了联席会议，落实具体举措的制定和服务指导。在中国政府网（www.gov.cn）“政策”版块内，通过对2011~2015年中以“创新”“创业”“创新创业”为标题或正文进行检索，发现逾400条各类政策规定，如表5-3和表5-4所示。

表5-3 检索2011~2015年中以“创新”“创业”及“创新创业”为标题的相应政策条数表

检索标题	2015年	2014年	2013年	2012年	2011年	小计
创新创业	5	0	0	0	0	5
创新	9	2	2	1	0	14
创业	9	1	0	0	0	10

表5-4 检索2011~2015年中以“创新”“创业”及“创新创业”为正文的相应政策条数表

检索正文	2015年	2014年	2013年	2012年	2011年	小计
创新创业	69	35	24	21	15	164
创新	146	98	68	71	51	434
创业	72	37	29	21	15	174

由此可见，近5年来，国家对创新创业工作的重视程度也是逐年增强。其中，对大学生创新创业教育具有较强指导意义的国家政策有：《国务院办公厅关于深化高等学校创新创业教育改革的实施意见》（国办发〔2015〕36号）、《国务院办公厅关于发展众创空间推进大众创新创业的指导意见》（国办发〔2015〕9号）、《国务院关于加快构建大众创业万众创新支撑平台的指导意见》（国发〔2015〕53号）、《国务院关于大力推进大众创业万众创新若干政策措施的意见》（国发〔2015〕32号）等。同时，为了贯彻落实国发〔2015〕32号的《意见》，国家建立了推进大众创业万众创新部际联席会议制度，以统筹协调推进大众创

业万众创新相关工作，研究和协调《意见》实施过程中遇到的重大问题，加强对《意见》实施工作的指导、监督和评估，并加强有关地方、部门和企业之间在推进大众创业万众创新方面的信息沟通和相互协作。联席会议由发展改革委、科技部、人力资源社会保障部、财政部、工业和信息化部、教育部、公安部、国土资源部、住房城乡建设部、农业部、商务部、人民银行、国资委、税务总局、工商总局、统计局、知识产权局、法制办、银监会、证监会、保监会、外专局、外汇局、中国科协等部门和单位组成。

2016 年 1 月 28 日，国家工商总局发布的《中国个体私营经济与就业关系研究报告》显示：从 2013 年起，全国高校毕业生创办私营企业数量迅速增加，对社会就业起到明显的带动作用。报告指出，当前中国高校大学生创业状况、创业意愿以及对创业的看法，是推进“大众创业、万众创新”的重要影响因素，对新常态下经济结构转型升级、产业创新有至关重要的作用。近年来，随着政府对大学生创业的进一步鼓励，以及工商注册等领域简政放权力度的加大，高校毕业生投身创业对社会就业的带动效应尤为明显。另外，调查发现，创业者学历越高，其平均雇员数量越多，对社会就业存量的带动效应越明显。其中，创业者学历为本科的企业，平均雇员数量为 19.56 人，而初中学历创业者的平均雇员数量仅为 9.04 人。[1] 高校毕业生创办的企业在新增雇员数量和雇员素质方面的需求，也明显高于全体企业的平均值。[2] 调查指出，在投身创业的高校毕业生中，只有四成对应届毕业生享受税收优惠、免交有关行政事业性收费等优惠政策表示了解，创业优惠政策的宣传力度有待加大。

省市高校可以重点关注省市人社厅、教育厅、财政厅等相关具体通知和细化标准。以四川为例，四川省政府办公厅（www.sc.gov.cn）响应国家关于“大众创业、万众创新”的号召，根据国家纲领性意见，结合四川实际，下发了四川省《关于加大力度促进高校毕业生就业创业的意见》，省人社厅、省财政厅、省教育厅和中国人民银行成都分行联合发出通知，就贯彻落实《意见》提出具体的细化标准。仅 2015 年一年，四川省共发放 1.3 亿元大学生创业补贴。2014~2015 年，四川省促进 1.7 万余名大学生实现了创业。自 2011 年至 2015 年，成都市创业学生人数达到 4248 人，成功创办企业 1351 家，创业总产值达

[1] [2]　肖丹：《创业者学历越高越能带动就业》，《北京日报》，http://bjrb.bjd.com.cn/html/2015-10/27/content_321532.htm，2015 年 10 月 27 日。

到 32357 万元。[1]

大学生在创新创业活动中，要想研究清楚从国家、地方到学校的各项政策需要耗费大量精力。大学生因为找不到具体政策、办理流程，或者嫌流程麻烦，而无法全面地利用国家、地方、学校的优惠政策。创业资金缺乏，向来是大学生创新创业活动后继无力的主要原因。然而，2015 年四川省投入了 3 亿元的大学生创业专项资金，省内 109 所高校却只有 41 所高校申请。四川省政府为大学生创新创业提供了大量扶持资金，可是目前能接到这根“橄榄枝”的大学生并不多。2014 年，四川省仅有 1 名在校生获得了一笔 10 万元的创新创业贷款。

充分研究利用好国家和地方政策，对高校开展创新创业教育有着极其重大的意义。2015 年 11 月，四川省发布《四川省人民政府关于进一步做好新形势下就业创业工作的意见》，进一步强化创业工作。另外，国家工商行政管理总局在企业自愿申报的基础上建立小型微型企业名录，设置专门网站，集中公开各类扶持政策及企业享受扶持政策的信息，建立支持小型微型企业发展的信息互联互通机制。教育部为宣传、鼓励、引导、帮助大学生创业，于 2011 年 3 月 29 日成立了全国大学生创业服务网。在教育部高校学生司指导下，全国高等学校学生信息咨询与就业指导中心负责网站具体运营。该网站上对“创业政策”有专门介绍版块。至 2015 年 12 月，网站对各地市创新创业的 487 条规章制度进行了转载。

二、我国大学生创新创业政策分类

我国大学生创业政策自 20 世纪 90 年代诞生以来，已涵盖了从创业动机培育、创业技能培训到创业机会发掘的创业过程的各个环节。创业政策体系结构不断完善，构成体系框架的单元政策要素越来越丰富。本书将我国大学生创新创业政策主要分为创业教育政策、创业融资政策、商务支持政策、创业环境政策四部分。

（一）创业教育政策

我国关于大学生创业教育政策的推进主要在 2008 年之后，从创业教育领导与工作机制的完善和规范、创业课程体系的搭建、创业教育师资队伍建设与培

[1] 《成都市进一步推动大学生创新创业》，http://www.sc.gov.cn/10462/10464/10465/10595/2015/10/23/10356574.shtml。

养、创业实践基地的搭建等方面进行政策上的规定与引导，对大学生创业教育起到了一定的推动作用。下面从创业教育领导机制政策、创业教育课程设置政策、创业教育师资建设政策、创业实践基地建设政策四个方面来阐述创业教育政策。

1. 创业教育领导机制政策

创业教育领导机制相关政策主要是从创业教育的领导机构与机制建设方面出发，保障创业教育的健康持续发展。例如，教育部于 2009 年下发的《关于做好 2010 年普通高等学校毕业生就业工作的通知》(教学〔2009〕15 号)，提出成立国家级的"高校创业教育指导委员会"，从上至下进行创业教育指导。国务院办公厅于 2015 年 3 月发布《国务院办公厅关于发展众创空间推进大众创新创业的指导意见》(国办发〔2015〕9 号)，更加明确地指出要加强组织领导："各地区、各部门要高度重视推进大众创新创业工作，切实抓紧抓好。各有关部门要按照职能分工，积极落实促进创新创业的各项政策措施。各地要加强对创新创业工作的组织领导，结合地方实际制定具体实施方案，明确工作部署，切实加大资金投入、政策支持和条件保障力度。"[1]

2. 创业教育课程建设政策

早期，关于创业教育课程建设的相关政策并不丰富，并且多是宏观指导性的，具体操作性的政策还比较匮乏。我国最早提出的有关创新创业教育课程建设的政策性文件为 2010 年教育部颁发的《关于做好 2010 年普通高等学校毕业生就业工作的通知》。通知中提出要在专业课教学中融入创业教育，将创新创业教育作为就业指导课程中重要的内容。最新最全面的创新创业教育改革文件是 2015 年由国务院颁布的《国务院办公厅关于深化高等学校创新创业教育改革的实施意见》(国办发〔2015〕36 号)，其中指出了要健全创新创业教育课程体系：调整专业课程设置，挖掘和充实各类专业课程的创新创业教育资源，在传授专业知识过程中加强创新创业教育；面向全体学生开设研究方法、学科前沿、创业基础、就业创业指导等方面的必修课和选修课，纳入学分管理，建设依次递进、有机衔接、科学合理的创新创业教育专门课程群；加快创新创业教育优质课程信息化建设，推出一批资源共享的公共课、

[1] 国务院办公厅:《国务院办公厅关于发展众创空间推进大众创新创业的指导意见》(国办发〔2015〕9 号)，http://www.gov.cn/zhengce/content/2015-03/11/content_9519.htm。

视频公开课等在线开放课程；编写具有科学性、先进性、适用性的创新创业教育重点教材等。[1]

3. 创业教育师资队伍建设政策

创新创业教育师资队伍建设政策主要是在师资配备与师资教学能力方面给予政策上的支持与要求。2010 年，教育部在《关于大力推进高等学校创新创业教育和大学生自主创业工作的意见》中要求高校要引导各专业教师、就业指导教师积极开展创新创业教育方面的理论和案例研究，鼓励教师到企业挂职锻炼，参与社会行业的创新创业实践。通过从社会各界选聘企业家、创业成功人士、专家学者等作为兼职教师，建立一支专兼结合的高素质创新创业教育教师队伍。《国务院办公厅关于深化高等学校创新创业教育改革的实施意见》（国办发〔2015〕36 号）中对加强教师创新创业教育教学能力建设提出了意见：高校要明确全体教师创新创业教育责任，完善专业技术职务评聘和绩效考核标准，加强创新创业教育的考核评价；配齐配强创新创业教育与创业就业指导专职教师队伍，并建立定期考核、淘汰制度；将提高高校教师创新创业教育的意识和能力作为岗前培训、课程轮训、骨干研修的重要内容，建立相关专业教师、创新创业教育专职教师到行业企业挂职锻炼制度；加快完善高校科技成果处置和收益分配机制等具体意见。[2]

4. 创业实践基地建设政策

大学生创业实践基地主要是指实验室、科技园、创业园等有利于创新创业实训与实践的专门场所，其政策旨在扶持各种基地的搭建与运用。例如，2010 年教育部对大学生创业实践基地建设提出了四点具体规划：一是全面建设创业基地；二是明确创业基地功能定位；三是规范创业基地管理；四是高等学校也要出台相应的政策措施和激励机制，以利于大学科技园开展学生创业工作。同样，在国务院 2015 年下发的意见中，也提到强化创新创业实践的意见，其中有关实践基地建设的为"各高校要加强专业实验室、虚拟仿真实验室、创业实验室和训练中心建设，促进实验教学平台共享。各地区、各高校科技创新资源原则上向全体在校学生开放，开放情况纳入各类研究基地、重点实验室、科技园评估标准。鼓励各地区、各高校充分利用各种资源建设大学科技园、大学生创

---

[1] [2] 国务院办公厅：《国务院办公厅关于深化高等学校创新创业教育改革的实施意见》（国办发〔2015〕36 号），http://www.gov.cn/zhengce/content/2015-05/13/content_9740.htm。

业园、创业孵化基地和小微企业创业基地，作为创业教育实践平台，建好一批大学生校外实践教育基地、创业示范基地、科技创业实习基地和职业院校实训基地”[1]。

（二）创业融资政策

融资，即货币资金的融通，是当事人采用一定的方式和渠道向金融机构或金融中介机构筹集资金的一种业务行为。大学生创业融资政策是国家为大学生创业者获得创业资金制定的一系列优惠政策。当前，大学生创业融资政策主要由三部分构成：财政专项资金政策、小额担保贷款政策和创业基金政策。

1. 财政专项资金政策

政府对大学生创业的财政专项资金政策主要体现在国家对中小企业财政支持的相关政策中。目前，全国性的财政专项资金主要有两种：科技型中小企业创业基金、中小企业发展专项资金。除了国家层面的专项基金支持外，各地方政府也设立了一些支持创业者创业的资金政策，如四川省在 2009 年决定实施“千名高校毕业生创业”计划，为此拨付 5000 万元设立高校毕业生创业专项资金，在全省范围内促进 4500 名高校毕业生实现创业。

2. 小额担保贷款政策

2003 年 5 月，国务院办公厅发出通知，要求有条件的地区要在现有渠道中为大学生创业提供小额贷款和担保。2006 年提出，自愿到西部地区及县级以下的基层创业的高校毕业生，也可向当地经办银行申请小额担保贷款。文件规定创业融资政策的额度和期限，登记失业的自主创业高校毕业生，可申请不超过 5 万元的小额担保贷款，对合伙经营和组织起来就业的，可按规定适当扩大贷款规模。

3. 创业基金政策

2005 年，中共中央办公厅、国务院《关于引领和鼓励高校毕业生面向基层就业的意见》提出，积极鼓励、支持高校毕业生到基层自主创业，有条件的地区可通过财政和社会两条渠道筹集“高校毕业生创业资金”。各地政府、高校相继创办各类“创业基金会”，划拨大量资金用于帮助广大学生实现创新创业梦想。

我国已基本形成了以财政专项资金政策、小额担保贷款政策和创业基金政

[1] 《国务院办公厅关于发展众创空间推进大众创新创业的指导意见》（国办发〔2015〕9 号），http://www.gov.cn/zhengce/content/2015-03/11/content_9519.htm。

策为基本要素的大学生创业融资政策体系。从体系内各要素的关系看，不断完善的金融机构小额担保贷款政策成为大学生创业融资政策体系的核心政策，是大学生创业融资的主要资金来源；创业基金政策为大学生创业融资的保障性政策，由政府和社会共同推进；财政专项资金带有很强的行政指导性，为大学生创业领域提供目标和方向，在创业政策体系中具有较为突出的引导性作用。

（三）商务支持政策

大学生创业商务支持政策的目标是政府通过政策工具减少大学生在创业过程中的壁垒，以降低创业成本。大学生创业商务政策包括市场准入政策和税费减免政策。

1. 市场准入政策

为鼓励高校毕业生自主创业，以创业带动就业，2008 年人力资源社会保障部、发改委等部委联合在《关于促进以创业带动就业工作的指导意见》中，对初创企业在准入、注册资金和创业经营场所等方面给出指导性意见，如要求适当放宽初创企业市场准入政策，允许注册资金分期到位，按照法律、法规规定的条件、程序和合同约定，允许创业者将家庭住所、租借房、临时商业用房等作为创业经营场所等。

2. 税费减免政策

自 2005 年起，国家对从事个体经营的高校毕业生实行免交行政事业性收费的优惠政策，在《关于对从事个体经营的下岗失业人员和高校毕业生实行收费优惠政策的通知》（财综〔2006〕7 号）中规定，高校毕业生从事个体经营的，且在工商部门注册登记日期在其毕业后两年以内的，自其在工商部门登记注册之日起 3 年内免交有关登记类、证照类和管理类收费。

通过对商务支持政策内容的分析可以发现，作为该体系中最核心的两个基本要素——市场准入政策和税费减免政策，两者互为补充。市场准入政策规范着创业者从事创业行为的资金、人员、住所等要求，而税费减免政策则规范着创业过程中应缴纳的税款和相关经营费用。创业准入门槛的降低和税费的减免都将从不同的方面促进创业活动，两类政策的有效实施将进一步增加创业机会。

（四）创业环境政策

大学生创业环境包括硬环境和软环境两方面，硬环境主要指场地及基础设施建设等，而软环境主要包括创业的文化氛围、国民对创业的态度以及创业服务保障等方面。我国大学生创业环境的政策主要涉及场地扶持、培育创业文化以及提供创业服务等领域。

1. 创业硬环境政策

创业硬环境指对大学生创业场地的扶持政策，主要体现为一地一园（大学生创业孵化基地、大学生创业园）的建设以及相关优惠政策。

（1）大学生创业孵化基地建设

所谓孵化，原指卵生动物的胚胎在卵膜内发育到一定阶段时，冲破卵壳而外出的过程。孵化器是人工孵卵的专用设备，后来被引入到经济领域，指企业在初创阶段的异常艰难时期，被安置于一个能够提供资金、场地、管理服务等多种便利的集中空间里，这个空间就像是一个孵化器，它使得创业企业的创业风险和创业成本大大降低，从而提高企业的成活率。经过孵化的企业逐渐由小变大、由弱变强，获得“毕业”资格而后进入市场。根据许多国家的测算，在完全市场竞争条件下，新创办中小企业的成活率一般不会超过 30%，但是经过孵化器孵化和培育的企业，其成活率一般都可达到 80% 以上。

（2）大学生创业园建设

大学生创业园是专门为大学生创新创业提供服务、促进成果转化的基地，通过提供办公场地、咨询与培训、管理与服务和一系列优惠政策，降低大学生创业企业的创业成本，提高大学生创业的成功率。早在 2004 年，上海市为帮助创业者解决经营场地问题，劳动保障部门积极挖掘闲置房产，开发建设了适合非正规就业劳动组织和小企业的开发园区。2006 年，共青团中央、中国科协、教育部和全国学联联合授予中国大学生创业园（成都）等 11 家创业园为全国首批“中国大学生创业园”。

2. 创业软环境政策

（1）培育创业文化的政策

良好的文化为创新创业的可持续发展提供了持续的动力，而创业文化是一种在市场经济中内生的特殊文化，指的是在创新创业、追求财富与价值过程中自然形成的思想观念、价值标准以及精神风貌等，不仅在个人身上体现，更是渗透于社会的时代精神和整个文化氛围中，对创业意愿、动机、成果都有重要的影响作用。

《国务院办公厅关于建设大众创业万众创新示范基地的实施意见》（国办发〔2016〕35 号）明确指出：“加强双创文化建设。加大双创宣传力度，培育创业创新精神，强化创业创新素质教育，树立创业创新榜样，通过公益讲坛、创业论坛、创业培训等形式多样的活动，努力营造鼓励创新、宽容失败的社会氛围。”

（2）创业服务政策

服务贯穿于整个创业过程，本文所指的大学生创业服务政策包括对大学生创业提供的政务服务、创业培训以及创业服务平台建设等方面的政策。

从我国大学生创业环境政策的形成和构成看，我国大学生创业政策的重点也在发生转型，从仅仅注重创业场地和基础设施等硬环境建设，开始向制定专门的政策措施，营造鼓励创新创业的良好舆论氛围转变，为大学生创业提供政务服务、创业培训以及加强创业服务平台建设。从创业环境政策建设现状看，我国的创业环境政策虽然与西方发达国家相比尚有很多需完善之处，但整体来看已基本形成了以培育创业文化和强化创业服务为核心要素的创业环境政策体系。

第三节　理工科大学生创新创业资源及政策

一、理工科大学生要掌握的核心创新创业资源

理工科大学生不同于社会创业人员，在学校的这一特殊环境下，各地方、各高校近年对创新创业活动不断加大投入。场地资源、物资资源等在创新创业活动的初期比较容易解决，但是技术资源、人力资源、资金资源、信息资源等核心资源，还需要创新创业者及其团队去更多地争取并合理运用。当然，创新创业活动想要更加茁壮成长，还是必须对政策资源、管理资源等其他资源统筹运用。

（一）技术资源是关键资源

技术资源是科技创新的基础之一，也是提高创业活动发展速度、质量和效益的重要保障。科技资源是决定创新创业产品的市场竞争力和获利能力的关键因素。目前，高科技创新创业是理工科大学生创新创业的主要领域。以电子科技大学为例，主要面向电子行业和行业电子方面的高科技领域挖掘创新创业项目，因此，技术资源对于理工科大学生而言是关键资源。

（二）人力资源是决定资源

人力资源包括创新创业者及其团队的特长、知识和激情，以及创新创业者及其团队拥有的能力、经验、意识、社会关系、市场信息等。创新创业团队自

身的人力资源为创新创业的决定因素。创新创业者及其团队的洞察力、知识、能力、经验及社会关系，影响到整个创新创业活动的成败。

（三）资金资源是根本资源

创新创业活动想要正常运行，最根本的保证就是资金资源。从基本元器件采购、设计加工到成品运输销售等，各项活动能否顺利开展，取决于各个环节的资金保证。部分理工科大学生因为无法合理利用资金，导致创新创业活动举步维艰，成为造成理工科大学生创业失败较为普遍的原因。同时，这不仅仅是资金匮乏的原因，更重要的是创新创业者及其团队无法有效整合和管理资金。

（四）信息资源是重要资源

创新创业者及其团队要想在复杂多变的社会经济环境中生存和发展，就必须有准确、真实、便利的信息作为保障，尤其是在创新创业活动的初始阶段，基于计算机、通信、电路、微波等方向的高科技创新创业活动，良好的信息资料可以为创新创业者及其团队提供快捷、便利、全面的技术信息、创新信息、市场信息等。由英特尔（Intel）创始人之一戈登·摩尔（Gordon Moore）提出来的摩尔定律告诉我们：当价格不变时，集成电路上可容纳的元器件的数目，每隔 18~24 个月便会增加一倍，性能也将提升一倍。理工科大学生，尤其是像电子科技大学这样以电子信息专业为主的理工科大学生，充分掌握所在领域的各类信息，才能在激烈的市场竞争中得以快速发展。

二、理工科大学生的创新创业政策偏好

（一）革新创新创业理念的需求

理工科大学生在创新创业实践中更加追求技术含量，因此在政策偏好上，相比于其他学科的大学生，除了直接面向大学生的帮扶政策和资金扶持外，他们还对创业教育理念、创业教育平台的搭建、创业导师团队的完善、创业环境的优化等方面有更多的需求。这就要求理工科大学生的创业政策更偏向于创业理念的更新，以及对创业管理主体的科技化服务。

（二）评估性政策的需求

理工科大学生创业，从某种意义上来说，不仅是学生实践自己创新创业思路的一种途径，更是为政府解决就业压力的一种途径。而且理工科大学生的创业项目，通常会与科技产品的开发与应用相关，这类创业的周期是相对较长的。

因此，在创新创业政策方面，更偏向长期性的、评估性的政策，而不是简单的在短期内对理工科大学生的创业成败进行判定。当“大学生创新创业”成为政策关注的焦点时，以“创新创业意识”“创业孵化”“创业辅导”等为焦点的政策关注成为现今大学生创新创业发展的坚实基础。然而，有关大学生尤其是理工科大学生需要的创业政策绩效评估体系还不够健全，在漫长的科学技术创新创业过程中，大学生不能全面地认知和总结创业期间的成果与经验。未来，各级政府以及高等院校应适度完善大学生创业政策实施绩效评估体系，确保创业大学生能够及时纠偏和总结创业失败案例，助推创业成功率提升。

（三）知识产权保护政策的需求

理工科高校的学生进行创新创业多数是以科学技术创新为主的技术创业，涉及知识产权，特别是科技专利的内容较多。然而，在创业初期若未能很好地保护其知识产权或产权分配不合理，在后期的创业阶段将遇到不可估量的问题。当前，我国的相关政策数量较少，内容还不够完善，普及度还不够高，这对理工科大学生进行创新创业实践未能起到推动的作用。我国颁布的《国家知识产权局关于知识产权支持小微企业发展的若干意见》（国知发管字〔2014〕57号）和《国家知识产权局关于开展知识产权维权援助工作的指导意见》（国知发管字〔2007〕157号）提出，对于小微企业符合立案条件的举报投诉线索，应及时移送行政执法部门。《国务院办公厅关于加快众创空间发展服务实体经济转型升级的指导意见》（国办发〔2016〕7号）中提出，支持科技人员到众创空间创新创业，其支持在于在知识产权方面给予一定的政策保护，“高校、科研院所要按照《中华人民共和国促进科技成果转化法》有关规定，落实科技成果使用权、处置权和收益权政策……探索完善众创空间中创新成果收益分配制度。对高校、科研院所的创业项目知识产权申请、转化和运用，按照国家有关政策给予支持。进一步改革科研项目和资金管理使用制度，使之更有利于激发广大科研人员的创造性和转化成果的积极性”。由此可见，知识产权保护与政策支持越来越受到科技型创新创业的重视，知识产权保护类政策急需在理工科高校中宣传普及，为创新创业提前做好安全防范。

【扩展阅读1】创业过程中遇到知识产权问题怎么办？

知识产权对于创客们来说是公司的命门，尤其是互联网创业公司奉行“免费使用”原则。在通过免费使用换取人气和流量的同时，你的知识产权或许遭遇到“黑客”入侵而官司缠身。

近日，在某创新联盟举办的“创业怎么能不懂知识产权”培训上，知识产权专家们现场为70多名创客们支招答疑，补充创客们的知识空白。

1. 创客的版权意识开始觉醒

“成功的创客不仅要赚钱，还要考虑自己是否有一个符合法规的商业模式。”中豪律师事务所马海生说。

马海生表示，之前快播被罚2.6亿元，实际带动的是整个互联网创客们对版权意识的觉醒。

虽然快播公司一直以不存储内容、只提供传输工具躲藏在“避风港”下，但法院以快播在应知和明知第三方网站侵犯他人信息网络传播权的情形下，仍对侵权信息进行主动采集、编辑为理由对其重罚。

马海生说，创客能借助互联网一飞冲天，但如果不顾知识产权走野蛮的路径，也可能让创客们立即倒下。

2. 与员工签订劳务入股合同

年轻的创客们为了增加团队凝聚力，往往会选择员工持股的激励机制。你的劳务合同中签署的是技术入股，还是劳务入股？如果没有写清楚，一不小心就会陷入知识产权的漏洞中。“尤其是对拥有技术研发产品的员工，创客们最好与他们签订劳务入股合同。因为职务发明其申请专利的权利属于单位，签订合同后，可以避免后期的纠纷。”马海生说。

马海生认为，如果技术人才签署技术入股，那就会涉及发明技术专利属于个人成果还是职务发明的问题。创客如何保护公司的知识产权？马海生说，创客应与员工签署专利技术转让协议，或专利许可使用协议。

3. 创业的第一步是注册商标

不少创业者专攻技术、打拼市场而忽略了商标注册，猪八戒网猪标局知识产权顾问蒙佳提醒创客们，最后当企业发展壮大时，却发现自己为他人做了嫁衣。

蒙佳说，创客们创业的第一步就是注册商标，有了商标就有了推广宣传的载体，才能有长远效益。如何注册商标？首先，创客们要选择有备案资质的代理公司。在申请时，创客们一定要申请所属行业的商标。如果条件允许，创客们应该申请关联行业的商标注册。“商标注册共有45大类。”蒙佳说，对于大部分创客来说这是盲区，注册前可咨询专业的法律顾问或商标类专家。

·对 话·

创客：创业发起众筹时，该如何保护自己的权益？

马海生：如果你已经有清晰的商业模式和品牌名称等，可以进行知识产权、商标注册等相关的申请。其次，在讨论中，要做好商业秘密的保护。甚至包括你的海报、设计等，也可以申请版权的保护。但如果你们的成果是在众筹讨论中形成的，那么在众筹讨论前需要签署协议，明确这些可能会涉及知识产权成果的所属问题，避免后期纠纷。

创客：商标被抢注，该如何维权？

马海生：商标异议要适时充分。根据商标法第31条，企业提出异议时应当提供充分证据证明他人以不正当手段抢注，且涉案商标系其已经使用并有一定影响。同时，企业平时应注意保留收集和品牌、字号相关的荣誉、新闻报道等材料，一旦发现抢注，可以有效维权。

创客：如果我公司的正式注册商标上面有LOGO，中间中文，下面英文，应该如何申请？

蒙佳：在注册商标时，每一个元素都需要独立申请。如果某一个元素审核不通过，整个商标就无法通过。这时候我们会建议分割申请，这样注册商标的通过率会增加，拆分的商标也可以在以后组合使用。比如说猪八戒的商标当时就是将卡通形象和文字进行分割申请。

【扩展阅读2】知识产权维权援助相关政策

依据《国家知识产权局关于知识产权支持小微企业发展的若干意见》(国知发管字〔2014〕57号）和《国家知识产权局关于开展知识产权维权援助工作的指导意见》(国知发管字〔2007〕157号）对于小微企业符合立案条件的举报投诉线索，及时移送行政执法部门。

1.维权援助内容

（1）组织提供有关知识产权的法律法规、申请授权的程序与法律状态、纠纷处理和诉讼咨询及推介服务机构等服务；

（2）组织提供知识产权侵权判定及赔偿额估算的参考意见；

（3）为具有较大影响的涉外知识产权纠纷以及无能力支付纠纷处理和诉讼费用的中国当事人提供一定的经费资助；

（4）协调有关机构，研究促进重大涉外知识产权纠纷与争端合理解决的方案；

（5）对疑难知识产权案件、滥用知识产权和不侵权诉讼的案件，组织研讨论证并提供咨询意见；

（6）为重大的研发、经贸、投资和技术转移活动组织提供知识产权分析论证和知识产权预警服务；

（7）对大型体育赛事、文化活动、展会、博览会和海关知识产权保护事项，组织提供快捷的法律状态查询及侵权判定等服务。

2. 申请条件

（1）因经济困难，不能支付知识产权纠纷处理和诉讼费用的中国公民与法人；

（2）遇到难以解决的知识产权事项或案件的中国公民、法人或其他组织。

3. 申请流程

（1）申请人可以向申请人住所地、经常居住地，侵权行为地，或对方当事人住所地、经常居住地的维权援助中心提出维权援助申请。

（2）知识产权纠纷的双方当事人，符合本意见规定条件的，均可向中心提出维权援助申请。

（3）知识产权维权援助申请必须以书面形式提出，同时递交下列材料：申请人身份证明文件；申请援助事项的基本情况；援助对象属于经济困难的，应提交有关单位出具的申请人及其家庭成员经济状况证明；中心认为需要提供的其他材料。

（4）中心在收到维权援助申请后，应审查是否符合第（1）项和其他条款所规定的条件。

中心认为申请人提供的材料不完备或有疑义的，应通知申请人作必要的补充，并可视情况进行调查。

中心应当及时对维权援助申请作出是否予以维权援助的决定：对符合条件者，应作出同意提供维权援助的书面决定，并尽快组织落实；对不符合条件的，作出不予援助的决定，并通知申请人。

申请人对中心作出的不予援助的决定有异议的，可以申请当地知识产权局重新审议一次。

4. 提交材料

申请人身份证明文件；申请援助事项的基本情况；援助对象属于经济困难的，应提交有关单位出具的申请人及其家庭成员经济状况证明；中心认为需要提供的其他材料。

5. 申请途径

各知识产权维权援助中心“12330”知识产权维权援助与举报投诉电话。

第六章
理工科大学生创新创业典型案例分析

随着大众创业、万众创新浪潮的高涨，理工科大学生群体中涌现出一批优秀的代表，他们有的在导师的指导下参与创新创业实践，有的在各类科技竞赛中不断磨砺自己，有的依托科研项目起步……

在他们的典型案例背后，我们可以看到充满时代感、饱含正能量的理工科大学生们，他们正在创新创业的实践道路上勇敢前行。我们希望有意愿参与创新创业的理工科大学生们，在他们身上找到自己创新创业实践的发力点。本书主要收集整理了在“双创”工作推动下，电子科技大学电子工程学院在创新创业教育中涌现出来的几位优秀毕业生的事迹，并希望这些案例能给予参与创新创业实践的理工科大学生们以启发。

案例一　“1+1+1”的创业模式，推动学科性公司的创立

一、公司概况

四川中电昆辰科技有限公司是一家依托于电子科技大学微波辐射与散射科研团队而成立的高新技术企业，其主要产品为高精度室内外定位设备、定位轨迹跟踪和数据挖掘服务、精定位视频安防系统设计与安装等。拥有 UWB“鹰眼”高精度定位技术和独立、完整的研发体系，系统最高可达 1cm 定位精度，可满足系统集成商、终端用户实现不同的定位业务需求（三维、二维定位，一维测距以及零维区域检测），能够精确定位人员、设备、资产，并在定位的基础

上实现轨迹追踪、区域报警、摄像联动、行为分析等。

四川中电昆辰科技有限公司

公司的核心技术为室内外精确定位技术（三维空间精度最高可达 1 厘米，局部可达 2~5 毫米，最高频次 4000 次 / 秒），其在定位系统设备、位置信息呈现与数据挖掘软件与视频数据融合应用等方面，具有国内领先、国际先进的技术水平。公司核心技术——超宽带脉冲产生技术和时域接收机技术在国际、国内均处于领先地位，其中部分技术环节已申请专利保护，有源标签位置时域解算方法专利已经授权，部分关键技术采用技术秘密方式进行保护。作为室内定位系统的核心技术，超宽带微波脉冲产生技术脱胎于电子科技大学微波辐射与散射科研团队十余年的技术积累，在时间维度上可窄至皮秒级，在瞬时功率上可高达数千瓦，能够满足以超低功耗精确定位标签到大功率穿墙雷达等多种应用场景需求。

“鹰眼”还能用于很多生活场景，比如逢年过节景区人流如织，用二维码门票和数量有限的视频监控已很难应付突发状况，而“鹰眼”可以通过电子门票卡在布设基站的区域内完成 10 厘米的高精准定位，从而实现景区客流分布、精确寻人、游客关照、电子支付等功能。截至 2015 年 5 月，公司已经与一些景区、监狱签订了意向合同。截至 2015 年年底，公司已经接到 500 余万元的订单。

据中华人民共和国工业和信息化部电子科学技术情报研究所于 2014 年 11 月 4 日出具的查新报告（报告编号 2014275）所示，该公司的技术水平、产品形态等方面具有显著的创新型和行业示范特征，处于精确定位与安防行业的前沿领导地位。

创始人朱晓章及其公司产品

二、创业发展历程

朱晓章是四川中电昆辰科技有限公司的创始人、总经理，同时是电子科技大学电子工程学院的教师。2014 年 5 月，即将博士毕业的他，报名参加了中国电子科技集团首届“熠星创新创意大赛”，他带领团队一路过关斩将，抵达决赛路演的最后阶段，并获得台上天使投资额度第一名。天使投资人为洪泰基金、中电集团 54 所、中电集团 20 所、电子科技大学。在天使投资的支持下，朱晓章于 2015 年正式注册成立该公司。由于技术上的领先，四川中电昆辰科技有限公司在 2015 年又赢得来自老鹰基金、易一天使、成都市国资委、电子科技大学、成都市双流区政府的 A 轮融资，公司获得进一步发展。2016 年，朱晓章代表电子科技大学，带领团队参加“互联网 +”全国大学生创新创业大赛总决赛以及“创青春”全国大学生创业大赛，均摘得金奖。

放在前些年，大学教师兼职开公司一度处于灰色地带，如今，站在台上的朱晓章却可以高调地亮出自己的两个头衔。翻其履历，他可用“学霸”二字来形容，读硕士时，论文被评为四川省优秀硕士论文；读博士时，获得国家奖学金，并且是美国杜克大学的访问学者、联合培养博士等。

如果不是创业做了CEO，朱晓章大概会过着标准高校青年教师的生活：上课、做项目、写论文，沿着“讲师—副教授—教授”的路一直走下去。本该没有多少变数的生活节奏，被2014年的一场创业大赛“打乱”。即将博士毕业的朱晓章抱着“拿点奖金就走人”的心态报名参赛，不料这个出自高校实验室的创业项目，在比赛过程中获得了投资人的青睐。

（一）创业萌芽：参加全国创业比赛

申请参加2014年中国电子科技集团“熠星创新创意大赛”时，朱晓章还是电子科技大学的一名在校博士生。参赛的项目，脱胎于电子科技大学微波辐射与散射科研团队十余年的技术积累，也是朱晓章学生期间一直研究的领域，即时域脉冲定位技术。他们给它起了个更亲民的名字——“鹰眼”。

媒体曾这样描述，朱晓章的“鹰眼”项目刷新了人们对室内定位技术的认知。“只要带上定位识别卡，这张卡就能按照我们的通信协议发射一个窄域脉冲，我们会根据不同基站收到脉冲的时间差对脉冲发出的原始位置进行解算。”电话那头，接受科技日报记者采访的朱晓章解释说，“这个脉冲什么时候发射，也由我们的系统来控制。就好比上课的时候，老师能够一个一个地回答学生的问题”。

这种室内外定位的精度，能够达到分米级别。他们的核心技术——超宽带脉冲产生技术和时域接收机技术，不仅在国内，甚至在国际上均处于领先地位，这就相当于我国有了技术护城河；而高精度的定位，也为市场带来了空间。

尽管技术含量十足，但朱晓章的初衷依然是解决痛点。朱晓章发现全球暴恐事件发生频率逐年上升，公共场所的安保是重中之重，但这些区域并没有太先进的技术措施。利用自己的专业优势，朱晓章研发了精定位安全系统，他将其形象地比作“鹰眼”。该系统可根据人员身份、历史行为、当前行为三个方面，建立“三维空间+时间+人员信息”的五维人员数据体系，将公共区域安全防卫提升到一个全新的层次。在“熠星创新创业大赛”的决赛路演中，朱晓章及其创业团队以《“鹰眼”精定位安全系统》项目参赛，并最终获得510万元天使资金。

（二）创业基础：各类竞赛的积累

2004年，在参加了校内的电子设计大赛之后，朱晓章便进入了电子工程学院的科协，与一群志同道合的同学在一起，准备参加 2005 年的全国大学生电子设计大赛。2005 年的他，同时进入了校集训队，同样为了自己所钟爱的事情努力奋斗。与此同时，科协的其他主要成员也一起参加了校集训队，他们几乎囊括了电信科协的骨干力量。

朱晓章在回忆起当年的时光时，依旧坚持“当年并不辛苦”这一说法，“自己所学的知识在自己的手里变成了神奇”，为此，朱晓章至今仍旧激动不已。通过当年参加的比赛，朱晓章觉得他提高了那些对于他以后有帮助的能力——技术的应用能力、需求的想象能力、团队的协作能力。这些能力，相比起获得国家奖学金更重要。朱晓章认为创业实际上比的就是团队。把创业比作“命题作文”，这是朱晓章的独特见解。“命题作文”区别于写作文，此“命题”来源于市场。科协的经历，国赛的焦灼，无一不为日后创业奠定了深厚的底蕴。大三的学业本就繁重，朱晓章和他的队友们依旧坚持自学。在他的眼里，在科协训练与在国赛期间学习的内容从来都不是“无用功”，这些学习是将大三的专业课程内容转变为实践。为了比赛去学习与单纯地听老师讲，感觉是非常不一样的，朱晓章现在仍旧怀念当年团队为了比赛而钻研尚未涉及的课本的时光。在大四期间，同学们忙碌地准备考研的时候，他依旧坚持参加比赛。

从某种程度上来说，朱晓章认为创新创业与电子设计大赛一脉相承，不过创新创业与电子设计大赛最大的区别便是电子设计大赛只需要专业知识，而创新创业比赛需要的更多的是综合知识。朱晓章认为，参加比赛的经历远比考研的过程对自己有帮助，研究生多的是学历，而国赛多的是过程的体验。

最开始说要创业，朱晓章是犹豫的。对一个“工科男”而言，创业并不是最初的选择。博士毕业后，他顺理成章地留校做老师，然而生活总是变幻莫测。

参赛时，团队提出了景区电子门票的应用，天使投资人感兴趣，市场反应看起来也不错。

朱晓章按照大赛组委会和投资人的意见，重新组建他的创业团队。如果奔着成立公司的目标去，只有技术人员的创业团队显然太过单薄。“刚开始参赛的团队成员，都是从学校一路读书出来的，对公司管理和市场运作这方面完全不擅长。毕竟人都喜欢待在自己擅长的领域，所以还要找公司管理、行业销售和市场营销的人才。”朱晓章从自己的人脉网络里挖人。他先是找来了硕士期间的两个师兄，他们擅长销售和市场；又去找了在钢化玻璃加工领域已经做得风生水起的本科同学，这是看中了他公司运作的经验。一个充满学术气息的纯技术团队，终于在比赛的进程当中，初具创业团队的雏形。

最开始的创业，艰苦自然不必说。从纯技术团队到商业团队的转变，朱晓章付出了太多。因为作为一个在领域内相对独特创新的产业，想要插入其他行业本就极为困难。“技术好不代表你可以去做这一门行业，市场有需求不代表一定会选择你。”在多次碰壁之后，朱晓章甚至对自己产生了怀疑，这样做下去真的是对的吗？不过他依旧坚持下去，去开拓一些新的领域。凭着“只要做出来的产品具有领先性，就一定会有结果的”这一信念，他创造了属于自己的一个领域。

“其实我也完全可以不开公司，两轮奖金拿到了，退出比赛就好了，手头的技术可以卖给感兴趣的公司。”朱晓章说道。不过，2014 年学校出台政策，项目主要科研人员转让自己技术持股的 10% 给学校，即可在保留教职的同时试水创业。

朱晓章团队获2016年“创青春”全国大学生创业大赛金奖

朱晓章问自己的博士生导师，这条路，走还是不走。他至今仍记得导师的回答：“创业，你可能后悔；不创业，现在形势这么好，你以后肯定后悔。”当初让朱晓章留校任教，导师的初衷是希望他能在学术上有所成就，但是当创业的机会摆在了面前，导师还是推了他一把。“想做些挑战自己的事情。我也知道，100 个创业公司，能活下来 10 个就不错了。创业也不是为了赚钱，就是想体会这种‘把一件事情做成’的感觉。这肯定是一段很独特的经历，失败了又怎样?”朱晓章这样解释他当时的想法。

（三）创业支撑：学校政策扶持

学校有没有允许教师创业的政策？朱晓章找到电子科大科学技术发展研究院副院长进行咨询，得到的反馈信息让他备受鼓舞。学校出台了一系列鼓励教师参与“双创”工作的文件，比如《电子科技大学关于促进科技成果转化的实施意见》中明确：鼓励教师、科研人员进行科技成果转化，创办“学科性公司”。这一实施意见还就股权分配办法做出了规定：学校可将知识产权作价出资获得的股权奖励给成果完成人及其研发团队，奖励比例不低于70%。

“学校的这一实施意见，也是对‘成都十条’的响应。”朱晓章说。“成都十条”中早已提出：高校院所科技成果转化所获收益可按不少于70%的比例，用于对科技成果完成人员和为科技成果转化做出贡献的人员进行奖励。而这些奖励不计入单位绩效工资基数。这意味着这些奖励不受事业单位工资总额管理的限制，相当于是科研人员“多劳”之后的“多得”。

2015年2月1日，以“鹰眼”参赛团队为班底，四川中电昆辰科技有限责任公司正式成立，朱晓章出任CEO。在初创公司的6人中，有两位是电子科技大学的老师，他们两人技术入股的部分，分给了学校一部分。而在整个公司的股权结构中，学校的占比不到5%。

朱晓章坦言，公司之所以能在这么短的时间内创立，一个很重要的方面便是政府和学校的扶持。早在2014年8月，四川省已下发《关于改革完善体制机制大力促进大学生和科技人才创新创业的意见》，对进入前期孵化阶段的大学生创新创业项目给予5万元至20万元资金补助。成都市政府也出台了被称为“成都十条”的促进科技成果转化的扶持政策。此外，省、市政府下发多个文件从政策、资金上支持创新创业。在朱晓章的公司成立之初，就获得了20万元的项目现金补贴。

好风凭借力，初创阶段政府的支持和外部投资环境的认可无疑给了他们最大的鼓舞，同时学校方面也给予了很大投入，电子科技大学出台了政策措施，支持学校教师把自己的科研成果包装成产品并通过公司推向市场。“我相信未来十年之间，精确定位系统将处于一个非常的爆发时期，目前投资人对我们的关注度非常高，包括上市公司对我们也有并购、收购的意愿，他们非常看好我们的技术和未来的市场预期，甚至愿意以高价来收购。”谈到未来前景，朱晓章信心满满。

朱晓章同时也表示，成都良好的投融资环境帮助了公司的成长。“公司刚成立很快就通过成都投融资平台，拿到北京、西安、石家庄三个地方的融资。”朱晓章有感而发，“创业需要人才，成都不光有人文环境、自然风景，同时也有人才、有市场，成都是人才真正的‘生产线’，高校资源在全国数一数二。我有个在深圳创业的朋友对我说，今年要来成都成立分公司，除了钱和人才，创业也需要氛围和平台，在优惠政策方面成都远远领先于其他城市。这些条件让我觉得去哪儿都不如留在成都。”

四川中电昆辰科技有限公司现在已经搬进新的“LOFT”式办公场地。在这里，公司享受2年免租金的政策优惠。而依据《成都市科技人才创新创业资助管理办法》，朱晓章作为高校院所创新创业人才，可获得一次性20万元的经费资助。而在完成本轮天使投资后，他还可根据《成都市科技金融资助管理办法》，申请最高100万元的天使投资创业补贴。公司成立3个多月，已经与一些景区、监狱签订了意向合同。截至2015年年底，公司已接到500万元左右的订单。不过产品的核心技术是市场推广建设的关键，游离于专业技术之外的创新创业是苍白的，只有与市场需求相结合的创新产品才具有生命力，也才能真正承载起“精确定位世界，精致改变生活”的使命。基于这样的认识，朱晓章把技术革新作为推动创新产业发展的首要因素。在谈到未来的发展方向时，朱晓章表示，虽然目前他们的产品仅限于行业客户，但是在不久的将来，这一技术将会进入消费类电子市场。

三、案例分析

朱晓章创业的成功，按照他自己的总结可以概括为“1+1+1”创业模式，即“科研团队+创业导师+优秀学生”。这种模式的内涵是，依托科研团队为大学生提供创新创业的技术支撑基础，创业导师为大学生提供有效的方向指引，让有科研创新基础的大学生利用竞赛等平台开展创业实践。他在“创客学堂”中说：“鹰眼室内精准定位技术是从研究生开始就跟导师一起在实验室攻关的技术，博士快毕业时正好遇上了中电熠星创业大赛，当时冲着奖金就拿着这项技术去参加了比赛。但没想到‘鹰眼’在比赛上受青睐的程度远超预期，并成为众多投资者眼中的‘香馍馍’。这项技术的创新点是可在三维空间实现厘米级定位，但真正将技术转化为产品，再将产品转化为用户急需的商品仍然走了很长的路。”他认为，一款好的创新产品必须要有过硬的技术、较高的技术壁垒、直接的市场需求、充足的市场容量和合理的产业生态，让竞争者无法在短期内进行技术复制和“弯道超车”。朱晓章认为，学生的思维不受限制，往往会突发奇想，当他们有一个好的想法时，却通常不能充分考虑这个想法的可行性和可营利性，以至于大部分想法都会“夭折”。但是，如果有一个经验丰富的导师，在创业前期帮助他们做一些修正，将这些创意引导到一个更可行的商业模式上，并且同时依托一个科研团队的某项基础技术，将会大大提高大学生创业的成功率。朱晓章的创业历程就是“1+1+1”创业模式的雏形，天马行空的想法来自于朱晓章学生时期的科研实践，抓住了在全国竞赛中获得金奖赢得天使投资的契机成立公司。虽然就目前来说，尚无法预知“1+1+1”创业模式是否会成为一种成功创业的模式，但至少在朱晓章的创业经历中，这一方式取得了成功，尤其是对像他一样的理工科大学生创业而言更有借鉴价值。

另外，企业家精神是创业者必须具备的。朱晓章创业源于导师科研团队的启发，导师团队不仅在专业学习中给予了他理论学习的指导与帮助，也给了他创业的启迪与鼓励。创办公司后，由于朱晓章教师身份的原因，他在创业的过程中也完成了创业导师的身份转变。他强调大学生企业家精神的培养，在大学生人格品质的塑造、创新和整合能力的锻炼、执行力的提升等方面起到了重要作用。朱晓章对当前高校学生创业热潮有着自己的理解：“对于创业者来说，是否成立企业只是一种外在的形式，其内在所承载的流程、体验，甚至可能面对的挫折与考验，才是创业者所需的真正内涵。所以，我希望能将创新创业教育的惠及面扩大到每一个学生，实现创新创业教育与产学研相结合。”在朱晓章看来，就业引导只是素质教育的一个最基本要求，创新创业则是更高追求，也是更为迫切的诉求，同样也已成为电子科技大学全体师生共有的认识。“文化，似乎是个看不见摸不着的东西。但是，当几个教师坐下来就会自然地谈起学生创业时，当几个学生围在一起就会讨论有什么项目可以创业时，你会相信有种东西已经在校园里生根发芽。这种东西就是创业文化。”朱晓章说，“而这种创业文化，恰好是大学生创业所需要的。”在“大众创业、万众创新”的时代背景下，创业主体逐渐从“小众”向“大众”发展，越来越多的青年大学生、高校院所科技人才投身创业大军。

朱晓章是理工科大学生创业成功的一个典型案例，“1+1+1”的创业模式在他的创业实践中取得了非常好的效果。对于理工科大学生来说，要提高创业成功率首先要抓住先进科技这一核心要素，就是把握了创业的主动权。一个学生或者学生团队天马行空的想法，加上一个有广阔视野与进取心的创业导师，再加上一个有技术支撑的科研团队，即可如虎添翼，助力创新创业事半功倍。

案例二　创新项目+科技竞赛，双驱动助推创新创业

一、公司概况

成都可视乐科技有限责任公司成立于2014年10月，注册资本66万元。公司主要负责人王希，担任CEO兼产品设计。同时，王希还是电子科技大学电子工程学院的硕士研究生，本科期间曾担任电子工程学院创新创业中心负责人。公司COO黄心雨曾创立培养校园职场素养的合木团队，CTO兼安卓开发工程师尤宇星曾创立从事APP开发的集思广益工作室，公司主创人员都是电子科技大学的在校生。成都可视乐科技有限责任公司是在电子科技大学电子工程学院、经济与管理学院等多位教授以及各个研究方向的教师的帮助指导下，慢慢成长壮大起来的。团队成员在校期间共完成中央高校基本科研业务费等项目13项，获得创新创业类比赛省级以上一等奖12次。

公司的主要业务集中在一款名叫“拾光”的APP上。随着智能手机的普及，“低头族”比比皆是：上课玩手机，聚餐玩手机，备考玩手机……手机方便了人们的生活，却也分散了人们学习工作的精力，淡漠了人与人之间的感情。公司致力于帮助更多的人健康使用手机，不再沉迷于手机，合理使用手机，回归健康生活。特别是，对于考研学生或初三、高三备考的学生，急需一款软件帮助他们合理使用手机，安心高效地学习。基于以上想法，“拾光”APP应运而生。通过设置时间和添加任务的方式，在设定时间内手机由智能机变成功能机，仅仅保留电话和短信功能，屏蔽其余娱乐功能，帮助大家养成健康的手机使用习惯，避免在手机上浪费过多时间。手机变成特有的监督人功能模式之后，若想使用其他功能，必须征得所设定的监督人的同意才可以（情侣之间、室友之间、一起准备考研的同学之间、家长和学生之间、老师和学生之间互相监督等）。挑战板块的引入，让告别手机回归生活不再是一件痛苦的事情。好友PK，共同完成挑战任务，大家一起来告别手机，比比谁不玩手机的时间更长，不仅

可以在朋友圈炫耀，还有很多奖励可以拿。让用户在不知不觉中戒掉沉迷手机的坏习惯，同时还可以对手机中各个应用的使用时间进行全方位的统计分析，从而让用户更加有效地掌控自己的时间，健康使用手机。

目前，“拾光”APP产品已经获得软件著作权，并且被“360应用市场”推荐在靠前位置展示。获得全国首届“互联网+”创新创业大赛四川省赛区金奖，全国研究生移动终端应用设计创新大赛全国总决赛二等奖，中国西部创星计划大赛第二名，进入2015年全国大学生网络创新创业大赛全国总决赛、“校友+”全国大学生校友创新创业大赛全国总决赛、中国青年APP大赛全国总决赛（5562进120）。

二、创业发展历程

（一）创业启蒙：创新项目和科技竞赛驱动创业发展

对于王希这位年轻的“学生总裁”来说，创业一直是他想做的事情。事实上，王希的创业经历起步很早。2013年，当时还是大三学生的他与三位同学组队开发了第一个智能家居系统，曾代表学校去北京参加ISCAS大学生电路与系统应用创新邀请赛，最终获得了一等奖并在国家会议中心ISCAS会场作了展示报告。IEEE电路与系统学会技术活动副总裁Joos Vandewalle亲自为团队颁奖，《北京晚报》等媒体还对这套系统进行了采访报道。然而，硬件创业的前期成本过高，要想真正做大做强，对于一个学生创业团队来说难度不低。一旦拿不到融资就基本不可能存活，最后他们只好暂停了该项目，开始向软件、移动互联网方向转型。

通过参加此次科创竞赛，极大激发了王希对科技创新的动力和兴趣。比赛结束回到学校，王希申请了学校的大学生创新创业训练计划项目。该项目是电子科技大学为进一步促进人才培养模式改革，强化创新创业能力训练，增强学生的创新能力和在创新基础上的创业能力，全面贯彻学校《关于实施“本科教学工程”学生创新创业训练计划的通知》的精神而设立的支持计划，包括创新训练项目、创业训练项目和创业实践项目三种。一旦成功立项，将由学校提供专项经费支持，并由专业教师进行悉心指导。王希的项目被学校成功立项后，他在创新创业项目上倾注了大量的精力。在项目实践中，王希认识到软件的开发是为了方便生活、解决问题，而他就擅长发现问题、发现市场、发现需求。“知道市场需要什么，就知道成功在哪里”成了他的创业真经。“拾光”APP的雏形就在王希的创新创业项目的进一步深化中孕育而出。

在这个过程中，王希还面临着考研的重压，加之项目其余两位队友在准备实习和工作，项目一度被搁浅。但是在这个过程中，学校和学院对于创新创业项目的大力支持，对于优秀的项目进行延期和追加经费，这给了王希极大的帮助。2014 年年初，王希在顺利地考入本校电子工程学院攻读硕士研究生后，对之前的创新创业训练计划的项目进行重新定位和深度剖析，开启了从创新到创业的历程。创业梦想正式启航，“拾光” APP 终于破土而出。

“拾光” APP界面

（二）创业产品：学校支持，获得天使投资青睐

产品是公司的核心竞争力，产品的优劣和创新性决定着公司的未来发展方向和前景。对于初出茅庐的大学生创业者而言，产品的创新是他们的最大优势，但怎样对自己的产品进行设计、开发、包装却是他们需要面临的一大难题。电子科技大学开设了创新创业教育相关课程，对创业的团队、产品、经营、财务等知识进行系统地讲授，学生可以自主选修，同时通过参加各类创业沙龙交流，便于交叉学科的融会贯通。这些对学生的创新创业实践，提供了很大的支持和帮助。

“拾光” APP 主要是基于锁屏技术的一款时间管理 APP，搭载了基本社交功能与排名功能，开发了日常生活中记录用户生活使用手机情况的统计功能。通过锁屏与积分制度，“拾光” APP 帮助客户告别手机上瘾，通过计划表及其便捷的导入方式帮助客户健康合理地管理时间，而特色白名单的设置让手机更加高效地服务用户。监督人模式是“拾光”的一大亮点。一旦用户在设定时间内欲强制解锁，系统就会给监督人发送动态密码，用户只有输入监督人返回的动态密码才可解锁。这一独特的模式，可供家长监督孩子，老师监督学生，情侣间互相监督，朋友间互相鞭策，开会时老板和员工互相监督等，大家一起提高自己管理时间的能力。公司成立后，团队中有人曾提出，是否让家长可以随时远程控制孩子的手机锁屏？王希给了否定票，他认为“拾光”设计的初衷是想让孩子们能够自愿、自觉、自律地控制自己，愿意参与被监督的环节。如果家长强制锁屏，不仅会让学生产生逆反心理，家长与孩子的关系也会恶化。王希说：“我们不是为了让家长施展管理的权力，而是为了矫正学生的坏习惯。”这也是“拾光”APP 想达到的最初目标，希望图书馆的桌椅前是埋头苦读或伏案疾书的身影，而不是不断滑动的手机屏幕。他还有更大的理想，希望多年重逢的老友能够“用心”聚餐，而不是用朋友圈晒餐桌，希望一场头脑风暴的集体会议上所有人聚精会神出谋划策，而不是躲避老板质询的目光。

王希创业的主打产品——“拾光”APP，就是意在拾回本来属于自己的时光。市场上现有的 APP 大多注重提高用户的使用频率，其设计理念就是要尽可能地将顾客的注意力留在手机上，导致人们对手机的依赖逐渐增加。而“拾光”另辟蹊径，他们要做的是用一款 APP 让用户摆脱与手机的无形绑架。“人们将大量的时间花费在手机上，时间过于碎片化，而我们就是要把时间合理地拼凑完整。”王希就是本着这样的想法一路过关斩将，“俘获”投资人的心。他说：“我感觉这是一个有意义的事情，尤其对于中学生和中学生家长来说是一个刚需。”在参加 2014 年“中国西部创星计划”活动中，“拾光”赢得了在场众多企业家的青睐。凭借良好的创意和强劲的技术支持，该项目被估值 60 万元，并很快得到了四川德源公司 24 万元的天使投资。

（三）创业团队：凝心聚力，要开心地结伴而行

“拾光”团队成立之初，包括王希在内只有 7 位成员，虽然人比较少，但是大家都充满干劲，每个人都是主力军。经过一年多的努力，团队人数已扩大到 22 人。这 22 人中，既有拥有多年技术开发经验的技术“大神”，也有专门负责产品推广与运营的经济与管理学院学生；既有资历丰富的职场人士，也有初入团队的研究生、本科生。比如，自动化工程学院 2012 级本科学生郭强，曾经担任电子科技大学公益创业团队“爱之翼”的负责人。团队换届之后，郭强开始寻找下一支“潜力股”队伍，希望能够在不同的方面积累自己的就业资本。郭强在关注相关方面消息的同时，发现了自己对产品设计的兴趣，“拾光”的招新

让他决定尝试一下。

在“拾光”团队的成员们看来，“希哥”是团队的负责人，但是从来没有架子。不论是市场推广、产品设计，还是技术实现方面，大家都信任王希。他对团队成员的要求是“你们觉得好的就去做吧”，但是大家却习惯在创意迸发的第一时间找到他，征求他的意见。这些年来，“希哥”和小伙伴们曾获得 ISCAS 2013 大学生电路与系统应用创新邀请赛一等奖，2013 飞思卡尔全国智能汽车竞赛西部赛区一等奖，2012、2013 年四川省“TI 杯”电子设计竞赛一等奖，以及各类校级比赛一等奖等。但是在“拾光”的工作室里，这些奖项却没有张贴出来。王希在作自我评价的时候最喜欢说的几个词是“差不多吧”“还可以”“挺好的”，有人开玩笑说他“用词太匮乏”，有人称赞他谦虚。事实上，这位不善言辞的年轻人确实是这么认为的。他相信，得奖只是代表过去，他要做的不会止步于此，他还有更大的野心。

三、案例分析

王希“拾光”团队的创业经历是电子科技大学众多“创客”中比较有代表性的案例。在电子科技大学这所典型的理工科大学，王希团队积极参与学校、学院组织的创新创业训练计划、科研项目和国内外各级、各类创新创业大赛，在创新项目和科技竞赛的驱动下积极创新、勇敢创业，开创了属于自己的一片天地。

首先，理工科大学生要积极主动参与学校的创新创业教育。王希本科时参与的大学生创新创业训练计划就是在学生对专业学习有一定基础之后，自主提出科研项目，以团队的形式完成项目的全过程。从这些最基础的创新项目着手，跟着指导老师一步一步完成，在项目过程中不断发现问题，迸出灵感，从而继续深入研究。这些在理工科大学浓厚的科研氛围下成长的学生，通过创新创业项目去真正接触科研，感知科技创业的魅力。王希就是以科研项目为抓手，不断提高自身创新创业实践能力的典型代表。

其次，通过各类创新创业科技竞赛不断磨砺创业者和创业产品。创新创业科技竞赛为创业团队提供了践行理论知识的实践平台，让团队成员的独立思考能力、创新思维能力、逻辑思维能力都得到了提升。在科技竞赛中更是增强了团队合作精神和自己的心理素质。创业是对一个人各方面综合素质的考验，仅仅拥有强大的技术是不能满足成功创业要求的。一切创业产品都是为了给广大消费者提供更加方便舒适的服务，满足人们的迫切需求。王希的“拾光”团队在拥有完备技术的条件下，善于在实际生活中发现问题，了解人们的需求；在团队合作方面，他能有效地组织并带领大家朝着共同目标奋斗前行；在产品的设计开发上，他富有情怀，坚守产品研发的初衷，开发更为“走心”的产品和服务。

此外，对于大学生创业，积极创新和勇于实践一个都不能少。在科研项目实践和科技竞赛比拼的过程中，大学生将获得极大的创新积极性，培养勇于创业、不怕失败的创业精神。尽管大学生人人熟知“创新创业”这四个字，也有不少大学生有“创新创业”的念头并付诸了行动，但为何真正进入大众视野的成功案例少之又少呢？创新创业究其根本，无非在于对生活的思考、对市场需要的敏感以及敢于实践的勇气。像王希这样的案例，便是集齐了以上几点要素。他善于从生活中寻找市场，勤于思考，更勤于实践。无论结果成功与否，只要勇敢地实践，就一定会有收获。另外，我们也看到，“拾光”团队的发展并非一帆风顺。创始人王希开始时的钻研方向，并不是软件而是硬件。转型后的第一个想法，也不是“拾光”APP，而是“E 路公交”。他及时地调整方向，敏锐感知到社会发展的需要以及自身所具备的优势，开辟了一个新领域。这是勇气，更是智慧！无论从发展历程，还是产品理念，“拾光”团队的案例都向我们展示出其与众不同之处。

案例三　竞赛科研点亮创业梦想，团结协作助力创业道路

一、公司概况

成都恒高科技有限公司，由当时正在电子科技大学电子工程学院攻读硕士研究生二年级的杨伟航于 2014 年 7 月注册成立。公司得到了“天使投资基金”200 万元的投资，并在电子科技大学西区科技园租下了 650 平方米的办公场地。恒高科技有限公司主要提供智慧工业人员考勤系统、高精度室内外定位系统、云监控平台、全方位维护服务等多种业务。杨伟航带领他的团队实现了定位“均方误差”为“1m ± 0.5m”的高精度定位技术。而同期国内其他相关技术公司开发的产品，定位精度普遍都在 5m 以上。

“井下人员定位系统”是关涉煤矿工人安全的重要技术。2011 年，国家安

全监管总局和国家煤矿安监局联合下发了《煤矿井下安全避险“六大系统”建设完善基本规范（试行）》，要求煤矿企业必须建设完善的井下人员定位系统，并应优先选择技术先进、性能稳定、定位精度高的产品，同时要做好系统维护和升级改造工作，保障系统安全可靠运行。杨伟航团队基于高精度的定位方法，全面展开了高精度定位系统的设计。经过不断的研发改进以及不断的验证实验，定位系统实验样机终于在2014年年初完成，并提交中煤科工集团重庆研究院等单位试用，取得了良好效果。该成果吸引了很多投资人的目光，这样就有了前文提到的“天使投资基金”的200万元投资。

目前，公司核心研发人员均为电子科技大学优秀毕业生，拥有扎实的理论基础和丰富的工程经验，在校期间皆为各类科研项目、科技竞赛中的佼佼者，多人曾受美国德州仪器公司邀请赴美进行技术交流访问。恒高科技目前已经研制完成两个项目，其中一个已经投入生产，正在全国销售。杨伟航很自豪地说，作为一个高新技术企业，公司的产品凝结了许多独有的技术，并均已申请国家专利保护。接下来，他们将以实现已有产品的销售量增长和对未来其他产品的研发为目标，推动公司更好更快地发展。

二、创业发展历程

（一）创业萌芽：科技竞赛打下坚实基础

杨伟航是电子工程学院2008级电子信息工程专业本科生，2012年保送本院继续攻读硕士研究生。杨伟航从本科开始就一直参加电子设计的训练和比赛，2011年还曾担任电子工程学院创新创业中心会长。他带队参加全国大学生电子设计竞赛，获国家一等奖，参加“TI杯”全国大学生电子设计竞赛冬令营竞赛，获特等奖。2012年，受TI公司邀请赴其美国总部和斯坦福大学访问交流。

通过电子设计比赛，杨伟航认识到团队配合是任何比赛或者设计成功的根本条件。即使一个人能力很强，也会犯错误；三个人在一起相互商讨，就能及时发现错误并及时纠正，使方案设计更加完整、系统。从开始比赛时的方案制订，再到各个模块的制作调试，以及最后系统的联合调试、数据测试，都是靠团队中三个人的完美配合完成。有时电路需要怎么修改，程序和电路的接口需要怎么衔接，简单的几句话就能说清楚，这都是他们之间长期配合产生的默契。正是因为团队成员之间有了多年来参与大赛所形成的默契，在杨伟航决定创立公司时，以往的队友一呼百应，纷纷从全国各地赶回来加入公司，成为公司核心技术研发团队的基础。创业过程中，团队的理念一直都是公司发展的核心。杨伟航认为一个良好、高效的团队可以带来一切。以往参加各类比赛，锻炼了杨伟航团队扎实的基本功，并积累了许多实际工程经验；同时在比赛过程中，经历的每一次失败，都锻炼了团队坚韧的毅力，培养了努力做好项目的决心。杨伟航一直对电子工程学院创新创业中心这个温暖的大家庭心怀感激。中心的生活对他来说不仅是一种技术上的历练，更是精神上的默默支持，最重要的是这里给了他做事业的初创团队。对杨伟航来说，创业最重要的不是资金，不是市场，而是一个给力的团队。在电子工程学院创新创业中心那几年，共同为竞赛奋战到最后的团队成员"合脾气、懂技术、能吃苦、重情义"，"他们就是最棒的合伙人！"

除了参加电子设计竞赛，杨伟航在校期间还积极申请学校的大学生创新创业训练计划项目。他认为申请创新创业项目是一个极好的锻炼机会，可以让他带领团队做一些产品模型，也可以孵化出成型的产品。通过项目的锻炼，能得到很强的团队协作训练，形成产品制作思维，为他之后的创业打下了坚实的基础。

杨伟航也提到在电子科技大学，电子设计竞赛是面向大学生的群众性科技活动，极大地促进了信息与电子类学科课程体系和课程内容、实践操作的融合。学校、学院非常重视电子设计竞赛的参与情况，专门安排指导老师和实验场地供学生使用，这为学生们取得优异的成绩奠定了基础。

（二）创业指导：导师建议明确创业方向

如果说参加科创竞赛以及创新创业训练项目给杨伟航的创业之路打下了坚实基础，杨伟航的导师陈祝明教授则推动了他创业计划的实施。陈教授不仅是杨伟航的研究生导师，同时也是学校创业学院的创业导师。从本科阶段电子设计竞赛到研究生以及创业阶段，陈教授在技术和思维上都给了杨伟航很多引导和启发。

杨伟航最初在陈祝明教授那里了解到中煤科工集团重庆研究院在进行"数字化矿山"方面的研究，认为这是一块很有市场前景的创业地带，且因其"公共性质"而受到国家政策的大力支持。于是，在陈祝明教授的鼓励下，他下定决心组建了自己的技术研发团队，开始了"巷道高精度人员定位系统"项目中的"高精度定位方法"攻关，充分利用了电子工程专业的优势，从各个方面开始了系统方案的设计和实验。

“我们现在还经常一起讨论技术细节和公司发展管理的规划等，陈教授对我有非常大的帮助。其他创业导师，我们也经常有交流，对我开阔视野、认真做产品和管理企业都大有裨益。”在这种亦师亦友的关系下，杨伟航总能在和导师的交谈中获得新的启发。杨伟航一直认为，“工科的学生，一定是知识和技术为主。不要把比赛获高奖项和创办公司作为目标，要从那些功利的事情中脱身出来，静心做技术研究，功夫到了，创业等等一切自然就有了。”

（三）创业团队：乘风破浪赢天使投资

回顾自己的创业历程，杨伟航认为，创业要懂得顺应社会趋势，善于与人沟通，更要懂得自我总结，不断进步。而在团队发展以及和别人合作的过程中，要懂得分蛋糕，实现共赢。

电子工程学院的创新创业中心是孕育杨伟航团队的摇篮。杨伟航在回忆创新创业中心的生活时感慨颇多，他用“方便面、红牛、朋友”这三个词概括了自己对那段生活的理解。他说：“在学院创新创业中心的生活就是和一群吃着泡面、喝着红牛的技术牛人一起不分昼夜地学习。”正是这样团结一致的奋斗让他们之间形成了非常默契的配合。

创业对于杨伟航来说，更像是一个团队又重新在一起奋斗的喜悦重聚。当他意识到煤矿安全方面高精度定位的巨大市场潜力时，他一下就想到了在电子设计竞赛中一起奋战的队友。他觉得“相对创业来说，他们现在的工作还是无法真正施展他们的能力，而且一起创业肯定也比工作开心很多”。就在这样想法的感召下，之前一起奋战在科创竞赛道路上的小伙伴们一拍即合，组建了科研攻关团队，用一年时间就将矿区定位精度从原来的大于 50 米缩小到“1 米 ± 0.5 米”的国内领先水平，而同期国内其他相关技术公司开发的产品，定位精度普遍都在 5 米以上。

“我想最大限度地实现自己人生的价值，通过创业，带领公司团队，做出优秀的产品。既能让我和家人的生活更美好，也能对社会做到我能付出的最大贡献。克里斯托弗·莫利说过一句话：‘世界上只有一种成功——能以自己的方式度过你的一生’。”杨伟航认为，创业做好产品能帮助到更多的人，这就是他人生所追求的成功和价值。在此信念下，经过杨伟航团队的努力，2014 年 5 月初，他们幸运地得到了“天使投资基金”的垂青，获得了 200 万元的投资。随后，杨伟航团队在电子科技大学西区科技园租下了 650 平方米的办公场地，扩大了公司规模。

三、案例分析

杨伟航成功创业，不仅得益于参加全国电子设计竞赛等科技赛事夯实了专业基础和实践能力，更得益于通过竞赛而形成默契并有着共同价值取向的团队成员。担任电子工程学院创新创业中心会长的经历，使他的感召力、领导力、组织管理能力都得到了提升。公司创立伊始，杨伟航发动当年共同参加电子设计竞赛的队友，他们的专业背景涉及电子信息工程、电磁场、计算机、金融等，甚至有当年的队友从北京辞职回成都和他一起创业。而这些友谊、共同的梦想都是在过去“红牛＋泡面”的日子里形成的。

理工科大学生创新创业要充分利用学校、学院提供的各种资源。很多高校有着很好的创新创业氛围，为大学生提供了很好的创业平台，有创业意愿的学生要善于利用这些资源。杨伟航读书期间积极参加各类大学生创新创业训练计划，主动寻求专业导师的指导，充分利用电子工程学院创新创业中心场地、设备、元器件等资源，为今后的创业发展做好铺垫。杨伟航一直很感谢学校、学院为他的团队筹建初期提供的帮助。“学校、学院领导积极响应国家号召，为我们提供了许多资金、场地、教育方面的资源。”杨伟航说道。他认为，学校、学院是最接近学生创业的一层，他们为学生的初期创业提供了最直接、最大的指导，为学生解决实际问题，对学生创业有非常大的帮助。

杨伟航做客电子工程学院“E创论坛”

此外，大学生创新创业不能脱离国家、地方的政策扶持，要善于利用制度、政策获取支持。近几年，国家对创新创业高度重视，大力支持，并提出“大众创业，万众创新”的口号。各地相继建立了高新技术区，建立了许多创业孵化器。以孵化器来说，为创新创业提供了很多政策法规上的指导和服务，同时，为大学生的创业办公进行资助，为办理各种公司证件提供便利。国家还为大学生创立的创新型企业提供各种福利补贴。在社会层面上，有更多的风投集团、个人投资、银行集团、企业家加入到鼓励创业的行业，为大学生提供初始资金或扩展资金。同时，他们在社会资源上也提供了极大帮助，将自身的经验传授给大学生创业者。对杨伟航这样的大学生创业团队来说，这样的社会氛围提供了很好的创业环境，更给予了他们很高的创业热情和很广泛的支持帮助。社会和高校从市场环境、政策、资金、学业管理等各方面扶持从高校成长的创客，通过市场的手和政府的手，合力托举，让每个有创业梦想的大学生都拥有自主创业的空间，使创新创业蔚然成风。

案例四　心怀“哆啦A梦”，演绎创客精彩

一、创业概况

深圳蓝胖子机器人有限公司（DoraBot）成立于2014年，是一家创新型机器人公司。其团队成员来自于7个不同的国家，拥有多元的文化背景，公司致力于打造一个开放、包容的环境，在鼓励多元化思想的同时注重人人平等，期待团队成员中的每一个人都将自身的独特性带到“蓝胖子”。

深圳蓝胖子机器人有限公司放眼世界，以多元化的角度看待未来。虽然其成员有着不同的经历，对人生有着不同的见解，但是他们都有一个共同的目标——推动机器人领域的发展并用机器人解决各种难题。目前，该公司在人工智能和学习、机器视觉、触觉感知、自主导航、抓取规划、全身规划、动作规划、多机协作、移动平台操作、能源效率等方面已有极高建树。他们从各个角度出发解决问题，用最前卫的想法和理论来创建他们的机器人，在不断的学习与壮大中迎接这场蓄势待发的机器人革新。

公司的创始人——张浩，2010年毕业于电子科技大学电子工程学院，他本科毕业后就职于果壳网，担任“DIY”版块的编辑。随着工作的积累，内心中对机器人领域的强烈热爱驱动他在本科毕业4年后，创立了属于自己的机器人公司并获得几百万美金的风险投资。

二、创业发展历程

（一）梦想来自包含一万个程序的“哆啦A梦”

1987年出生的张浩，和那个时期的很多孩子一样，从小就迷上了那个集各种功能于一身的温暖的叮当“蓝胖子”，他长大后看了很多关于机器人的电影、书籍，心中始终有个机器人的梦想。从大学开始，就读于电子工程专业的张浩就喜欢自己捣鼓一些“小玩意”，大三开始专注于研究机器人。2009年，他所在的团队获得了“亚太大学生机器人大赛季军”。2010年大学毕业，张浩去了刚创立的果壳网，成为“DIY”版块的编辑。“可是，说好的机器人呢？”张浩常常想起自己童年时关于“哆啦A梦”的期待和疑问，“既然我那么想拥有一个机器人，为什么不自己做一个？”这一次，“哆啦A梦”的口袋中掏出的不再只是神奇的物品，而是一个绚丽的梦想。

2014年，张浩创建深圳蓝胖子机器人有限公司——DoraBot（“Dora”发音为“哆啦”）。对张浩来说，他想实现的念头就是“做出来一个‘哆啦A梦’那样的机器人”。他认为，“哆啦A梦”代表着一种未来的可能性。在张浩的设想中，“哆啦A梦”是个全功能服务机器人，是人类的好朋友，可以做很多事情。“比如你下班回到家对它说明天要打高尔夫，它就把所有装备帮你准备好。”张浩解释。这样的一个机器人，核心部分有运动底座、视觉识别系统、六轴以上的机械臂（实现各种动作）、软件程序（机器人的大脑）等。

“六轴以上机械臂基本可以通过改写程序实现任何动作，而视觉识别是目前大部分机器人的信息输入方式。”在张浩看来，这两个东西的“结合”是核心问题，因此他也基本沿着这个方向进行着探索。“每个不同的应用差别很大，涉及的问题很复杂。”张浩说。其实现在有许多机器人，会下棋的，会打球的，但大多只能执行某一项任务，因为它们只装了一个程序。对于张浩要做的全功能服务机器人来说，它需要能够做非常多的事情，那就意味着可能需要一万个程序。

“相应的技术还没有发展到这个程度，再过三十年，肯定会出现，但我等不及了，我要自己做。”张浩说。

张浩正在研发机器人

（二）他，译出了“Maker”真谛

“如果要找一个人代表创客，应该是张浩。”有不少“创客”这样告诉记者。“创客圈”里一直流传着张浩的“传说”——他是中国最早一批接触和传播“创客文化”的人，也是将“Maker”翻译成“创客”的第一人，他是国内“创客”的代表人物；他以兴趣为导向做东西，不以赚钱为目的，从来不对自己设限，也不对技术设限，是圈中很多“创客”口中“最纯粹”的创客。

张浩认为，“创客”从来都不是一个职业。“创客”这个群体一直都存在，只是之前一直没有被贴上这个标签，因而他也不知道自己是何时成为一名“创客”的。2010年本科毕业后，张浩加入果壳网，同时也在业余时间做一些自己的DIY设计。2011年，北京、上海、深圳几个城市的二十几个“创客”彼此之间慢慢认识了，他们通过邮件组进行联络。当时大家都觉得有必要为“Maker”起个中文名字，张浩提议叫“创客”。这个名称得到了大家的一致认可，于是就在圈子里流传开来。

“全世界有成千上万的人做过弹弓，只要你做的弹弓是出自于你‘想要做一个弹弓’的意愿，这个弹弓是由你自己设计制作的，那你就是创客。”在张浩看来，这是对“创客”这个标签的“宽泛解释”。张浩认为深圳的一个“创客”组织——“深圳DIY”里就有一群“典型”的创客。很多人平时上班，在业余时间聚在一起搞创造。对他们来说，当一名“创客”就像唱卡拉OK一样，是一种消遣，创客空间就是一个 KTV。张浩认为，分享和开放是创客精神的重要部分，这种开放式创新会成为传统创新的补充。

短短几年，随着“创客”自下而上的创新能量的凸显，越来越多的大企业加入这个生态圈，政府也无法对这个群体的创造力视而不见，但也有许多假借“创客”名号做着不相干事情的人混入“创客”圈子。“创客”越来越火，但对于像张浩这样真正的“创客”来说，外界环境的变化并不会左右他们的创造本能。“因为我真的就是很想做出一个‘哆啦 A 梦’啊。”张浩说。

（三）从“创客”到创业

2012 年年底，张浩到深圳负责一个“创客”项目的后期生产——深圳的完整产业链和硬件制造能力把他吸引了过来，而深圳的“创客”圈子更是让张浩觉得“可以落脚”。2014 年年初，张浩和一位搭档成立了深圳蓝胖子机器人有限公司。

“之前考虑过用开源方式，让大家一起进来开发‘哆啦 A 梦’机器人，但这种组织方式很松散，项目进展缓慢。到美国的机器人公司工作也是一个选择，但这些公司门槛高，通常要求求职者具有知名高校博士的教育背景。对我来说，可能要花上好几年时间帮导师做些不相干的研究。”这些综合因素让张浩最终选择创业。这也是为什么在圈子里的“创客”看来，他应该算是最标准的“创客”的原因——为了兴趣而做东西，几乎不考虑短期盈利。

从开发原型到成为产品，背后的产业链条极其复杂，可谓“长征”。张浩是第一次创业，经历了挺多“未曾想要经历”的东西。“资金是首要问题，因为即使一个小产品才几块钱，但成百上千的需求量也要付出不菲的生产启动资金。”另一方面，采购、生产、质量把控、出货等一系列过程，复杂而枯燥，不少创业团队的产品外观设计、结构设计和加工制造分别外包给了不同的厂家，由于缺乏对供应链的整体考虑，吃亏的不少。

2015 年，张浩参加了在美国举行的一场比赛。经过两轮筛选，有 40 家来自全球的团队进入最后角逐，国内还有来自浙江大学的一支参赛队伍。而参加类似这样的比赛对于张浩而言不过是他的“曲线救国”策略。张浩坦言，全能机器人实现商业化，还有很长的路要走。“比如说参加比赛，拿个奖金，也有可能实现商业化。这或许是一种妥协吧。”但他并不因此畏惧，反而充满激情，这是他对梦想的坚持。对张浩而言，创业、赚钱也都是为了自己的“哆啦 A 梦”。

DoraBot产品

三、案例分析

相比起很多在校期间结识到一群志同道合的创业伙伴，或者在导师指导与支持下创业的创业者来说，张浩的经历或许更加具有普遍参考意义。首先，在张浩的案例中，可以感受到创业者发自内在的兴趣所带来的巨大能量。兴趣支撑是创业者能够持之以恒、迎难而上的重要动力源泉。张浩怀揣从童年时期就深埋心底的创新梦想种子，在成长过程中不断地浇灌，无论是本科参与的亚太机器人大赛，还是就业后与“创客”们的创新理念碰撞，张浩始终不忘初心，继续前行，最终迎来梦想之花发芽之日。

第二，在张浩的身上，我们也看到了创新精神的力量。创造的欲望深植于人类灵魂中，童年时期的很多人都有过创新的奇思妙想，但在成长过程中，我们对于创造的欲望和能力却逐步减弱。而张浩所代表的“创客”，就是少数一部分保持了自己的创造本能的人，乐于分享和开放的创新精神也是我们在张浩身上看到的宝贵品质。

第三，张浩之所以能够有能力最终开启自己的“机器人”梦想，离不开自身扎实的专业知识基础。理工科学生的创新创业往往立足于自己所学的专业知识，通过技术的创新实现创业。因此，良好的专业知识也必然是理工科大学生创新创业成功之路的关键基石。

案例五 依托科研项目，实现创业梦想

一、公司概况

成都中电卓景智能科技有限公司是四川金灿光电有限责任公司于2015年6月根据企业发展需求，将研发机构“金鑫照明——电子科技大学智能照明联合实验室”承担的智慧照明控制技术及系统研发业务与金灿公司完全剥离组建而成的。金灿公司希望通过这种全新的方式，将创新型研发团队从原来的生产型企业和联合实验室中剥离，引入小平台管理模式以及灵活的股权激励体系，充分调动和发挥研发人员的主动性，快速地实现科技成果的市场转化。

卓景智能公司注册资本金200万元，现有员工25人，其中博士学历5人、硕士学历9人，从事研发工作的技术人员占比高达90%，本科以上人员占比高达95%。为了保持专业技术的领先性，公司组建了一支由数位电子科技大学知名教授组成的技术顾问团队，为整个研发工作提供支持。优秀的管理团队、专业的技术力量，为公司的产品拓展和延伸提供了切实的保障。

卓景智能研发团队通过努力，已完成智慧照明控制器、主动感知传感器、基于道路安全的Smart Sensing Lighting智慧照明控制系统三个研发项目。与此同时，卓景智能的第一代产品Smart Sensing Lighting智慧照明系统也已于2015年9月完成前期研发工作，进入样板测试和调试阶段。Smart Sensing Lighting智慧照明控制系统利用先进的传感器技术和数据融合算法实现了主动感知呼吸式照明、区域独立照明、全托管照明三大专利智慧照明技术。

成都中电卓景智能科技有限公司的创始人王炳文，是电子科技大学电子工程学院2009级电子信息工程专业本科生，2012年担任电子工程学院大学生创新创业中心会长，2013年保送本校继续攻读博士学位，主要研究方向为生物医学成像和稀疏信号处理。他曾获2011年全国大学生电子设计大赛国家一等奖、“四川省优秀毕业生”等多项荣誉。2016年11月，他赴德国慕尼黑工业大学进行为期两年的博士联合培养。研究生期间以第一作者和协助作者身份发表SCI论文3篇，EI论文3篇，现为IEEE TAP、BSPC等国际SCI期刊审稿人。

二、创业发展历程

（一）创业萌芽：实验室科研项目驱动创新创业

与许多理工科学生一样，王炳文喜欢自己动手做东西，用他自己的话来说，

“我就是爱鼓捣”。爱鼓捣的王炳文在大学期间参加过多次大学生科技创新比赛，并成功斩获国家级一等奖，还成为电子工程学院创新创业中心会长。本科毕业后，王炳文被保送到电子科技大学电子工程学院进行硕博连读，他开始潜心学术研究。

研究生阶段，一次偶然的机会，让他接触到了智慧照明这个领域。他发现智慧照明的概念在很早之前就已被提出，比如城市的照明灯光在夜间会变暗就是这个概念具象化的一个实例。然而现阶段由于软硬件等各种条件的不成熟，导致大部分产品只能通过预设的程序来实现灯光的明暗变化，而不能通过对道路上实际交通参与者的信息进行主动获取从而进行自主明暗调节，换句话说，这些产品还不够“智能”。当时，电子科技大学和金鑫照明集团合作成立了智慧照明联合实验室，在这个实验室里，王炳文和他的几位同学成功做出了一套简单的智慧照明系统。王炳文敏锐地看到了现在传统 LED 的制造企业非常多，同质化严重，这其中蕴藏着极大的商机。他认为，在 LED 行业进行洗牌的今天，做高附加值和先进的产品才能不被淘汰。这一想法也得到了金鑫照明集团的肯定。金鑫照明作为传统的 LED 制造企业，有市场、有渠道，而王炳文和他的团队则有创意、有技术，如果通过加入智慧照明控制系统对传统 LED 灯进行产业升级，前景必定广阔。双方因此一拍即合，希望经济独立的王炳文就此决定创业。之前王炳文在实验室中“捣鼓”出的那套智能照明系统最终为王炳文赢得了金鑫照明集团的 200 万创业支持资金，这也为他创业提供了重要支撑。

刚刚萌生创业念头的时候，王炳文是很犹豫的，他担心创业会影响到博士学业的完成，与他钻研学术的初衷相违背。这时，他的两位研究生导师——赵志钦教授和陈祝明教授打消了他的顾虑，两位导师大力支持王炳文创业，并告诉他，读博和创业并不冲突。这让王炳文得以彻底放下心理负担，下定决心去实现创业梦。

（二）创业产品：“会思考”的路灯

据统计，在我国，照明类用电占据了全部用电量的 20%，这其中有很大一部分是用在了道路、桥梁、隧道等户外照明领域。以路灯为例，目前我国安装的路灯有 2 亿多盏，在凌晨车流量较少的时刻，路灯实际上无谓地消耗了大量的电能。是否能有这么一套装置，让午夜的路灯只在车或人经过时才会亮起，而在其他时间段均是熄灭的呢？答案是肯定的。

王炳文和他的团队设计的照明系统，通过在路灯上安装主动感知传感器，获取道路的光照、车流量、人流量等信息，然后利用他们自己的一套算法，让路灯能够根据获取的信息自主地调节照明策略。此外，结合多传感融合技术，还能够实行道路照明控制的全托管，路灯管理人员无须进行任何人工操作。

不过，这种主动感知呼吸照明不同于一般的感应路灯的地方在于，这种灯会在车或人来之前提前亮。所有灯上装设的传感器实际上形成了一个网络，在第一个传感器感应到有人或车接近时，系统会根据设定好的算法将信息依次传递。智慧照明系统能够为其提供前 300 米的照明，这在人眼看来是感受不到灯光的变化的，会认为路灯是一直亮着的。这种主动感知呼吸照明技术的采用，在为道路交通参与者提供安全照明的前提下，还大幅地减少了电的消耗。保守估计，这种灯每一盏将比高压钠灯节省 60%~70% 的电，比现在普通的 LED 灯要节能 45%。

成都中电卓景智能科技有限公司创始人王炳文

三、案例分析

大学生创业需要冷静，理工科大学生要做的是系统性创业。王炳文向有志于创业的在校大学生们，提出了自己的一些看法和观点："创业不是两台电脑做个 APP 就可以了的，要同时具备技术、资源和团队三个要素才能考虑去真正地创业。"他认为创业，一是需要坚实的专业基础知识来支撑，只有精通一门技术才能立足一个行业；二是要有破釜沉舟的胆识，做事不要犹豫，想好了就去实施；三是要专一，做好一件事。王炳文说，“大学时间这么少，不折腾就浪费了”，他认为每个大学生都能在探索中找到自己的兴趣点，在属于自己的舞台上创造属于自己的辉煌。

王炳文创业的案例也印证了理工科大学生潜心专业领域研究与今后是否创业并不矛盾。在科研团队中，认真对待科研项目，潜心学术研究仍然有可能把握商机创造奇迹。王炳文正是在完成了导师项目的同时，幸运地获得了上市公司的青睐，从而拿到了创业启动基金。然而幸运的背后永远是实力的支撑。在科研项目的扎实研究中，王炳文对于商机也有了敏锐的把握。他在实验室研发智慧照明系统时，联想到了现有照明模式的不足之处，并且利用自身所有的技术对其进行了改进。他看到了这其中的广阔市场，抢先抓住了别人想不到的点，从而取得了别人所得不到的成功。

此外，王炳文创业成功，也得益于充分协调各类关系的企业家智慧。在本科阶段参加各类创新创业比赛，赢得团队成员的合作与支持，以及博士生阶段创业想法获得导师的坚定支持与不断鼓励和帮助，协调好博士生阶段科研项目与创立公司的关系，以专业学习推动创新创业实践，以创新创业实践反过来验证市场需要的专业知识，起到了互相推动的作用。王炳文仍在努力攻读博士学位，他已成功获得国家留学基金委公派留学计划的支持，赴德国慕尼黑工业大学进行为期两年的博士联合培养。这期间，公司的经营运转都需要极大的沟通协调智慧，他将在不断的创新创业实践中提升自己的企业家智慧。

案例六　保送北大研究生学霸的创业征程

一、公司概况

北京驿路科技有限公司成立于2015年，是一家以孕婴童为目标群体，以宝宝健康成长为主题的智能产品解决方案的提供商。公司创始人是电子科技大学电子工程学院2009级本科生王君龙，曾获全国大学生电子设计大赛一等奖、“四川省优秀毕业生”等荣誉。2013年本科毕业后，王君龙被保送到北京大学攻读研究生，是北京大学创客空间创始人。

公司主营计算机软硬件技术开发、转让、网络技术服务等业务，面向辐射检测、孕婴童等潜在市场。从事“Baby Joy 孕期健康监护卫士”这款智能产品的研发，在业务上为合作方提供基于用户健康数据的健康监护产品方案。产品推出时，市场反应非常可观，单件销售额在千万级别以上，并已于2016年上线淘宝众筹。目前，该公司已申请核心专利10余项，软件著作权2项，注册商标6件。公司下一步的计划是婴幼儿养育，并正在推动与婴幼儿相关企业达成战略合作，关注于早产婴儿监护仪领域，共同打造婴幼儿领域的健康监护产品。

王君龙参加2014产业中国年会

一、创业发展历程

（一）创业驱动：兴趣指引与理想所在

2015年9月，北京大学硕士研究生毕业的王君龙不像其他同学那样开始找工作，而是坚决地选择了自主创业。他和在大学时认识的伙伴们一起创建了一家名叫驿路科技的公司。而他做出这一选择的理由是创立一家自己的公司是他的人生理想，这比起在别人手底下打工让他觉得更加快乐。王君龙曾给自己定下这样一个目标：35岁之前创立一家比较像样的公司，40岁之前能拥有一家上市公司，50岁之前能把公司建设成全国100强。

其实，早在王君龙在电子科技大学电子工程学院读本科时，他就已经开始从事一些“小买卖”，培养起了一定的销售意识。但是，他深知从自己的这种小本买卖到最终的产品化还有很长的一段路要走，于是在科技创新兴趣的引导之下，他储备了许多相关知识。在北京大学攻读硕士研究生时，他进一步接触了创业的概念，并开始深入摸索。机会总是垂青有准备的人，他在北大遇到了一位导师级别的北大校友，正是这位校友的引导，他开始走向创业的道路。王君龙和他的伙伴的创业想法也非常简单，他们决心用科技的力量，建立一个能够帮助到客户的公司。他们要做客户人生道路的驿站，所以他们将公司命名为驿路科技。

（二）技术储备：科协积累与学院支持

在王君龙刚进入电子科技大学攻读本科时，他就加入了电子工程学院创新创业中心。为了电子设计竞赛，他牺牲了很多娱乐、聚会、游玩、放松的时间，取而代之的是泡在实验室里焊板子、调试设备。当然，努力必有回报，他斩获了许多电子设计大赛的奖项，这个过程让他在吸收课本知识之外获得了大量动手实践的机会，充分提升了自身的技术技能。此外，在科协的日子也让他结识了一群志同道合的好伙伴，积累了行业相关人脉，正是这些人构成了目前公司技术团队中的中坚力量。

王君龙本科时在科协制作的电路板

学校和学院的支持让他如虎添翼。在电子工程学院创新创业中心，王君龙充分利用中心的资源，每年申请学院的创新创业基金项目，完成了技术积累阶段。当时，学院实行优秀本科生科研训练计划。因为成绩优异，本科三年级的时候，王君龙就提前入选学院科研团队，得到教授们的科研指导。本科四年级获得保送北京大学的资格，他还获得了校外毕业设计的机会，提前进入了研究生阶段的科研团队，这些都为他赢得了宝贵的创业准备时间。

（三）未来规划：产品设计与方案提供

驿路最先帮助的对象是准妈妈们。准妈妈们对电磁辐射的担心是复杂的，电磁辐射的讨论一直没有停过，人们众说纷纭，准妈妈们大多对此抱有“宁可信其有不可信其无”的态度。王君龙的团队采用先进的无线电技术检测周边电磁辐射值，告诉并帮助准妈妈们采取合理的措施避免辐射。而同时，考虑到女性爱美的天性，他的团队采用精致的艺术设计，将这个电子设备打造成精美的装饰品。目前，这个电磁辐射检测产品已经有了开发版本，基本功能已经实现。

驿路科技产品特色

谈到未来规划，王君龙表示母婴健康产品这块市场的蛋糕还很大，他有两个目标：一是继续专注于消费者端，研发自己的产品，打出自己的品牌；二是逐渐转向企业端，与企业合作，通过为企业提供相关问题的解决方案来继续盈利。

北京驿路科技有限公司创始人王君龙

三、案例分析

大学生创业就要把它当成事业来做。王君龙说："在创业过程中，与你同行的人比你要到达的目的地更重要。"他认为，大学生创业，首先不要期待过早的成功，因为没有经历挫折的成功者注定会失败。其次是要把自己的功夫打扎实，要清楚自己的实力，有什么能力就做什么事。

坚定的创业理想将一直指引大学生进行创新创业实践。本科阶段，王君龙加入电子工程学院创新创业中心，锻炼自己的技术功底，积累了丰富人脉；参加各类创新创业论坛、讲座，逐渐树立正确的创新意识和创业精神，形成具有自身特色的"有热情却不失谨慎"的创业态度。王君龙对创业抱有极大的兴趣，在当前国家大力支持大学生创新创业的环境下，他并不只是空有一腔热情。在真正开始创业之前，他经历过深思熟虑，思考过自己为什么要创业，冷静地评估了自身的能力与资源，并充分利用了自己的优势。作为技术导向的创业者，他一点一滴地积累起了自己的技术资源及开发能力，同时认识了许多做技术的"达人"，完成了自己创业团队的构建，为公司的发展奠定了坚实的基础。

案例七　背着电路板上大学，走向创新创业大舞台

一、公司概况

成都黑盒子电子技术有限公司成立于2013年，是一支专注于“移动健康”和“精准运动”智能硬件技术系统推广、产品研发销售、客户服务运营的团队。公司坐落于美丽的天府之国，集结了一批来自电子科技大学等高校的商业技术英才，致力于打造具备行业竞争力的健康运动产品，为客户提供优质的产品技术系统方案，打造精准的运动健康产品及训练管理服务，提高身心素质，实现快乐生活。

目前，心血管疾病已经成为人类健康的主要杀手，全国有2亿多的心血管病患者。“黑盒子”从心血管疾病出发，研发设计了智能手环、智能监护胸贴等智能便携设备，集合了心电、心率、HRV、心脏年龄、心情监测等多功能检测技术。体重、体脂超标是心血管疾病的重要病因，“黑盒子”自主研发BMI算法，采集大量的用户肌肉体征信息，对用户全身肌肉进行精准的数据量化记录，并指导进行精准运动训练管理，让用户平衡体脂，拥有健康体魄。

公司创始人之一的施友岚，是电子科技大学电子工程学院2011级本科学生，他在本科三年级时与合伙人一起创立了专注于智能化产品自主研发的创新型科技企业——成都黑盒子电子技术有限公司。随着公司的日益壮大，他毅然决定休学继续创业，专注于公司业务经营。截至2015年年底，“黑盒子”团队已吸引众多世界500强企业的关注，为客户“量身定制”手环近70万只，公司预估市值近1亿元人民币。

二、创业发展历程

（一）执着梦想，白手起家

作为黑盒子公司创始人之一，施友岚的科创生涯可谓传奇。大一时，他背着开发板和烙铁来到电子科大。本科二年级时，他与5个好朋友在学校创立黑盒子工作室，主要承接硬件方面的技术外包工作。施友岚说：“我不是天才，但大一时我每天早上7点起来调试单片机。成功总是靠勤奋学习累积起来的。因为共同的爱好走到一起，大家全都是获得过电子类科技竞赛不同级别赛事冠军的技术控。”在短短八个月时间里，团队就完成了15个项目，总价值120万元。

2013年6月20日，施友岚成立黑盒子电子技术有限公司。当时的办公室是一间民房，70多平方米，团队一共6个人。“公司成立之初，条件比较艰苦，除了1个人住在学校外，我们5个人都住在办公室。公司的起步资金全是靠开工作室那段时间挣的钱。我们没有向家里伸过手，可以说是白手起家。”施友岚说。

这间房间里，6个小伙子不分昼夜地接单子、做方案。“房子没有装空调，幸好在河边，夏天还算凉快，我们通常都穿背心一边工作一边‘喂蚊子’。”2014年，通过朋友介绍，公司获得了为德国拜耳集团成都总部办公地点其中几层楼做智能照明的工作。他们的设计改造比普通照明节省了70%的电量，这笔单子为他们带来过百万的收入。

（二）学校支持，主打手环“私人制”

2014年，学校创新创业中心在清水河校区为“黑盒子”提供了免费办公区域，团队搬进了“高大上”的办公室里。也是从这个时候开始，施友岚的视野从公司原本主营的外包业务中跳出来，开始谋划制定公司未来发展方向。他敏锐地捕捉到智能穿戴领域的商机，带领团队着手研发智能运动手环。

面对竞争激烈的智能穿戴设备市场，“黑盒子”的方向是将客户锁定在企业群体，为企业进行“私人定制”。“我们与企业合作后，会针对客户企业的需求‘量身打造’，并同步研发配合该企业智能手环使用的订制APP。”

一次次的飞跃，不仅是“黑盒子”团队热爱和追求的结果，更是梦想力量的体现。据施友岚介绍，目前“黑盒子”在智能穿戴领域处于全国领先水平，与众多世界500强企业合作，仅2015年一年，公司生产手环近70万只，年收入已过千万元。“也有几家投资公司与我们洽谈过，不过我们暂时没有考虑融资。”施友岚表示。目前，黑盒子公司的主营业务为智能健康设备和系统的研发销售，以及健康数据的应用推广，公司市值已接近1个亿。“高端制造，产业报国”这八个字，是施友岚的梦想，也是黑盒子的梦想。他相信总有一天“Made in China”能被“Create in China”代替，相信有一天在他为之痴狂的电子信息领域，国人也能制造出一流的高端电子设备和系统。

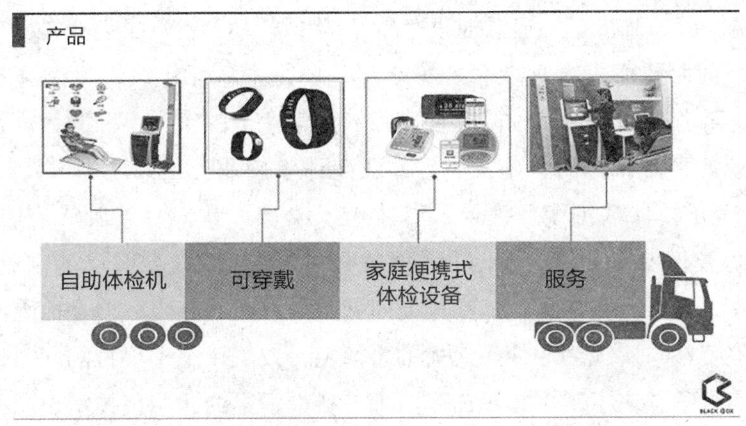

黑盒子电子技术有限公司的产品介绍

（三）面对未来，信心满满

智能穿戴领域虽已有不少人涉足，但施友岚对“黑盒子”信心满满。“我们的优势是做差异化市场，可以针对企业特有的文化做订制手环，兼顾健康、运动、支付、母婴功能。我们拥有过硬的技术，有直接供应链，可低价拿到核心器件，降低制作成本。”

相关数据显示，2011 年全球共卖出 1400 万件高科技穿戴式设备，预计到 2017 年，全球将会卖出近 7000 万件同类产品。谈到公司未来发展蓝图，施友岚表示，“黑盒子”未来除了继续研发订制智能运动手环外，还计划做品牌手环，面向大众销售。

三、案例分析

坚持梦想、不断创新是施友岚成功的首要秘诀。背着电路板，带着创业梦，本着对电子设计由衷的热爱，怀揣着“高端制造，产业报国”的伟大抱负，施友岚大学在填报志愿的时候选择了电子科技大学。他从创立“黑盒子”工作室，到成立黑盒子电子技术有限公司，仅短短两年，公司就已发展成为行业中的一匹黑马。这种为梦想的执着、为梦想的取舍、为梦想的付出，是像施友岚一样的“创客”身上最宝贵的品质。在知识经济时代，“不创新就要落后，创新慢了也要落后”。电子科技领域中的摩尔定律揭示，半导体芯片上集成的晶体管和电阻数量，每 18 个月增加一倍。这就是创新的速度。作为具有强烈创新创业意识的理工科大学生，他带着创业梦想来到学校，不断在专业学习和创新创业教育中积累创业经验，瞄准了“运动健康产品”，果敢行动，占领了创业先机。

学业、创业要懂得合理取舍。2013 年，还是本科二年级学生的施友岚就创立公司，随着公司业务量的陡增使其投入到学业上的精力不断减少。在面对学业和创业的两难抉择时，施友岚毅然决定休学创业。正如比尔·盖茨（Bill Gates）13 岁开始计算机编程设计，18 岁考入哈佛大学，一年后从哈佛退学，1975 年与好友保罗·艾伦一起创办了微软公司。施友岚坚定自己的创业梦想，要做企业家，要做商人！尽管他在校期间课堂学习时间有限，但是他绝没有将一分一秒浪费在与实现创业梦想无关的事情上，攻关一个个项目的同时，他花了大量时间自学补充了很多知识内容。理工科大学生的课业负担重、课程难度高，并非每个抛弃学业专注创业的大学生都能成功。因此，要谨慎分析自身情况，合理取舍。也正如比尔·盖茨在委婉回答记者是不是鼓励大学生退学创业的问题时，说“微软要的都是研究生！”目前，国内有的高校为了鼓励大学生创新创业而出台明文规定，对于休学创业的学生可以不受学制限制，因此大学生在做选择时，也要充分理解学校政策，理性进行选择。

成都黑盒子电子技术有限公司创始人施友岚

案例八　从培训机构的金牌教师变身创新创业的弄潮儿

一、公司概况

卓立教育网站，开通于2014年6月15日，公司的CEO是电子科技大学电子工程学院2013级研究生罗雪，其主要负责网站的主体发展规划和运营。COO张竞一、网站开发魏赢基、编辑甘济伟都是电子科技大学在校学生。自卓立教育网站成功上线以来，仅用8个月时间，累计注册人数就达到了600多人。卓力教育在2015年4月夺得成都“梦想帮青年创业金点子征集大赛”第一名，进入首届“中国西部创星计划大赛”25强。在这期间，卓立教育网站得到学校、政府领导的肯定与支持，更有《华西都市报》《成都日报》等主流报纸对其进行相关报道。

卓立教育网站是一个综合性家教平台网站，不是单一地向学生推荐家教，还为在校大学生提供高薪兼职机会，并开设了资料下载、在线答疑以及志愿填报指导等专栏，目的在于为初、高中生提供全方位的学习方面的帮助。通过前期生源的累积，以及网站知名度、浏览量的提升，他们已经开始与艺体辅导机构洽谈合作，为艺体生量身打造文化课与艺术课课程，解决大部分艺体生基础差和上课时间不固定的问题。后期的APP开发会纳入精准搜索及微社区功能，将用户有效集合起来，形成与用户的多纬度关系。“卓立教育”成立大半年，公司盈利达到10多万，交易1000多单，并获得“天泽资本”200万元的意向投资。

二、创业发展历程

（一）萌芽阶段：想法始于兼职经历，生活处处有商机

在创立卓立教育网时，罗雪既是电子科技大学工程学院2013级的研究生，也是长城教育的金牌教师，有着多年线下教育经验。

本科二年级开始，罗雪就在辅导机构做兼职老师，当时上一堂课，有将近80%的薪资都会被辅导机构“榨取”。偶然一次机会，家长私底下找到他询问愿不愿意上门给学生补课，于是罗雪便利用自己的课余时间做了八份家教。两年的兼职家教经历，罗雪发现中小学生群体有庞大的家教需求，而现有的家教行业却存在很多问题，特别是许多帮忙找家教的网站对老师质量把控不严格，一

旦介绍成功后，便不再对老师的教学质量进行监督和提高。于是，罗雪意识到这是一个存在许多机会的市场。罗雪本科阶段加入了电子工程学院 bingo 工作室，负责电子工程学院网站的制作及维护，对网站的制作及开发有一定的基础，所以便萌生了做家教行业网站的想法。研究生时，基于本科时网站开发的经历和在电子科技大学研究生会创新规划部认识到的一帮志同道合的朋友，罗雪开始带领团队着手开发卓立教育的网站。初创时期，分工没有那么明确，团队的核心成员一共 4 人，来自电子工程学院、电子科学技术研究院、信息与软件工程学院。团队除了开发测试外，每个人都需要参与多个工作模块，包括产品、交互、运营、市场。

（二）发展阶段：组建团队破困境，寻找机遇赢比赛

从有了网站的构想到卓立教育网站正式上线，仅仅用了 1 个多月时间。为了宣传自己的网站，罗雪团队把自己的生活费节省下来作为网站的推广费用。刚开始宣传时，罗雪和伙伴们印了 700 多份传单，每天都蹲守在中小学大门外向家长和学生派发传单，还与学校门口的文具店、超市合作，张贴卓立教育的宣传海报。一周很快过去，他们的网站没有揽到一个学生。“原本以为发 50 份传单就会有生意，没想到发了 700 份，竟连一个报名者都没有。”这让他备感失落。就在他极度迷茫时，3 名要求补课的同学找上门来。虽然只有区区 600 元，可这“第一桶金”，让罗雪和伙伴们士气大涨。对他们而言，这不仅是一种肯定，更是一颗代表着创业之路并未走错的定心丸。再后来，陆陆续续有人注册。罗雪团队开始着手网站的数据统计分析，发现注册用户里面大部分是家长，于是立刻调整了推广策略和网站功能，了解已有的用户对网站的看法，根据用户的真实需求做调整。罗雪团队加大对家长端的推广，开始在小区门口摆放摊点进行推广，效果较之以往明显好了很多。值得欣喜的是，通过暑假两个月的推广宣传，他们的客户从 3 位，增加到了 60 位。

掘到了第一桶金后，罗雪和伙伴们更是铆足了干劲，完善网页、开发手机 APP、印发更多的传单和海报，到各个学校周围宣传。他们的创业之路并没有想象中的顺利，精心设计的网站上线后没有取得预想的效果，个别团队成员开始动摇。罗雪也意识到了这一问题，于是为了让成员感受到不断取得的成果，他决定制定阶段性的目标。他们报名参加了“梦想帮”成都高校创业大赛，并且取得了第一名的好成绩，同时赢得了五万元的筑梦基金。意外的大赛夺冠，不但让荣誉维系住了大家的信念，而且对于初创公司的资金链来说不亚于雪中

送炭，可谓“名利双收”。

（三）成形阶段：公司步入正轨，乘胜追击定规划

2015年5月20日，罗雪团队正式注册成立公司，取名卓立教育。成立公司就意味着项目和团队要正规化，同时这还是一种责任，像是对自己的“小孩”负责。注册成立公司后，罗雪团队为了让公司在竞争激烈的家教行业中脱颖而出，明确了公司的宗旨：卓立教育通过网络为每一位同学找到合适的家教。保证1对1教学，上课的时间与地点更加灵活，让教育效率更高；设定严格的评价考核机制，科学划分教师能力等级，让收费更加合理；教师需要提交针对学生的个人培训计划，让教育更加个性化；配有完整的评价监督机制，杜绝任何浑水摸鱼的老师从中获利。团队还制定了目标规划：注册商标，开发移动端应用；招募校园大使和网站地推人员，增强网站的宣传面；和辅导机构合作，增强网站的师资力量。

（四）外部环境：国家、学校、团队的支持

创业，不是少数人的专利，而是多数人的选择，对于朝气蓬勃的大学生更是如此。在2015年首届中国“互联网+”大学生创新创业大赛总决赛举行时，李克强总理曾批示：“大学生是实施创新驱动发展战略和推进大众创业、万众创新的生力军。”为引导大学生多渠道就业，尤其是鼓励自主创业和灵活就业，国家颁布了许多针对大学生就业的补助政策。资金短缺可能是不少大学生在创业中面临的难题，为了帮助他们渡过这一难关，政府明确要求进一步调整和优化贷款模式，同时要按照大学生创办企业所处的阶段和状况，提供不同的贷款支持。对大学生初创企业，符合小额担保贷款条件的项目，按小额担保贷款政策予以支持；对大学生创办企业达到一定规模，内部管理、财务制度较为规范，经营状况明显改善的，对其贷款要逐步与商业化贷款接轨，适用大学生创业贷款，能按期归还本息的，由财政给予企业50%的贴息；对于大学生创办的企业完全走上正轨的，鼓励其承担更多社会责任，经认定符合劳动密集型企业的，按照劳动密集型企业的政策予以支持。对于罗雪团队来说，资金短缺是他们不得不面对的难题，政府提供的创业补助犹如雪中送炭，而针对大学生创业颁布的贷款利息减免则给他们吃下了定心丸。国家针对大学生自主创业的一系列举措帮助罗雪团队摆脱了困境，有了充分的条件安安心心地创业。

为了响应国家鼓励大学生自主创业的号召，电子科技大学一直以来致力于培养学生的自主创新能力。为了引导学生创新创业的意识，学校增设关于创新

创业的课程，力求做到对学生有所启发，创新创业的课程设置有利于激发学生的创业思维。同时，学校专门配备导师团队给有意向的学生做指导帮扶，也尝试着带领学生做些小的创新项目。创业来自于创新项目的演化，哪怕是一个小的项目也能够培养学生的视野、学习能力。

罗雪团队在创业过程中获得了许多来自学校、学院的支持和帮助。例如：利用学校、学院两级搭建的平台、提供的支持（如场地、资金、导师指导等），让罗雪实现了创业团队、媒体资源、政府政策和项目本身的资源对接。同时，学校还提供了品牌宣传、资源对接的支持，推荐罗雪团队参加“菁蓉汇”路演，让更多投资人了解到产品，打开了公司的知名度。除此之外，学校也给予场地上的支持，专门开放了创业场地，让罗雪团队有了可施展能力的舞台，这对创业者来说是莫大的支持和信任。

与此同时，罗雪团队还得到了学校育成中心的帮助。例如：在硬件上，为他们提供了宽敞的场地，配有空调、办公桌椅；软件上，对每个项目进行专人跟踪，不管是项目出现问题还是团队成员架构出现问题，育成中心都提供了很多建议及帮助。初创企业对法律规范等了解不多，对此，育成中心请专业的法律团队为创业者普及全方位的企业法律知识，涉及公司注册、团队成员股份设置、投融资等各个环节，这也为罗雪之后注册公司打下了坚实的基础。

另外，有一个很好的团队作为支撑，也是罗雪成功的必要条件。团队分工明确，团结合作，有着共同的目标，是事业进一步发展的催化剂。在一个团结协作的团队下，他的公司取得了更大的效益，获得了更大的成功。创业需要团队、资源，不同学科背景的成员本身就是一种财富。在研究生阶段，罗雪曾担任电子科技大学研究生会创新规划部部长，通过在这里的历练，罗雪不仅能力得到了提高，还结识了一帮志同道合的朋友。罗雪专攻中小学家教市场的想法很快得到了同伴的认同，达成共识后迅速组成了一个团队，并且明确了公司的发展方向。在这一过程中，值得一提的是公司的名字——卓立，取名十分有新意，卓尔不群寓意团队不一般，立竿见影是希望学生的学习效果能迅速得到体现。在罗雪团队中，核心成员共有 4 人，除了开发测试外，每个人都需参与多个工作模块，包括产品、交互、运营、市场。几个能力超群又满怀热情的年轻人朝着同一个方向努力着，公司很快步入正轨。可以说在任何情况下，单打独斗都是行不通的，因为我们生活在一个互相联系的世界。社会上需要的并不是异想天开的独斗者，而是一个能充分带动其他人，组成一个高效率的团队的人。

团结的团队是创业的催化剂，推动着创业向成功的方向发展。

三、案例分析

罗雪通过自身努力，并充分利用国家和学校提供的各种政策优惠和资源平台，在创新创业的浪潮中开拓出自己的一片新天地。对于创业的成功经历，罗雪有着自己的想法。

大学生创业，要协调好学业和创业的关系。他认为更重要的是坚持学习，特别是本专业学习和创新创业学习。创业成功是一个低概率的事情，如果在没有完全稳定的团队、好的项目、资金注入的时候，还是得兼顾学业。罗雪的创业经历告诉我们，创业初期会发现自己的能力、眼界存在很多局限，要坚持去学习，还可以参加一些组织的创业活动，比如创新创业社团主办的论坛类活动"成电创业邦"等，里面有很多优秀的师兄，定期会有分享会，可以从他们的经历上收获很多。但是切记要明白自己想得到什么，有针对性地参与，而不是形式化地去听听讲座。

从创新到创业需要勇于实践，将创新点转化为创业点，勇于迈出实践的步伐。大学生创业可能更多的是做一个课题练习，敢于把项目推向社会，如果这方面欠缺，可以先去其他公司实习，学习市场化的运作。罗雪的创业正是将传统的家教与互联网相结合，成为典型的"互联网＋创新"，在创新过程中又进一步将产品市场化，成功将创新转变为创业。

大学生创新创业需要企业家精神，特别是需要具备良好的心理素质，不怕失败。罗雪谈到，大学生创业能成功的是凤毛麟角，即使项目失败了，只要你愿意花时间、花心思去参与，就能得到个人能力上的提升，甚至是物质上的回报。这些经历也让在校大学生能在未来就业面试中有自己的竞争力。众所周知，现在越来越多的大学生选择自主创业这一条机遇与挑战并存的道路。如今的大学生崇尚发挥和实现自我，不愿给别人打工，受企业的限制，为了实现自己的既定目标以及个人价值，从而选择了创业的道路。梦想总是美好的，然而现实却是残酷的。在众多的创业者中，成功的毕竟是少数。据相关数据统计，在浩浩荡荡的大学生创业大军中，创业成功者仅占2%~5%。在创业创新的浪潮中，更多的人是"默默无闻"，甚至成为"前车之鉴"。这充分说明并不是所有的人都适合创业。创业成功是需要以一定的条件作为前提的。虽然现在大学生创业都有一定的国家政策扶持，但是很多政策难以操作，还有些在执行过程中变了样，创业的大学生很难得到真正的扶持。并且，虽然理工科大学生在创业中具有一些专业知识的优势和旺盛的精力，但是所欠缺的东西还有很多。因此，大学生自己要提高自身的个人素质，培养自主创业的意识，在毕业前对社会有所了解，充分利用国家、社会、学校提供的平台和资源，提前进行一些社会实践和创业实践。要有良好的心态，提高自己的社交能力，只有这样才有可能在创业道路上有所进展，进而收获成功。

案例九　互联网给你意想不到的惊喜

一、公司概况

成都卓拙科技有限公司成立于 2012 年 7 月，公司创始人兼 CEO 是电子科技大学电子工程学院本科 2008 级学生刘金松。卓拙科技，是一个极富智慧和创造力的创业团队。公司专注于教育类网站、APP 与微信平台开发，致力于为用户的诉求提供最合理的解决方案。公司成立以来，整合商业思考、用户体验与技术实现，推动产品价值最大化，并与客户一起发现潜在商机，为超过 50 家国际与本地客户提供了可靠、完善的产品与服务。卓拙科技开发的有代表性的网站有：电子科技大学官方网站（英文）、四川大学科学技术发展研究院网站、四川大学国际合作与交流处网站、四川传媒集团——媒立方网站、万科我们 + 网站、IEEE 国际顶级会议 ICSGCE 官方网站等。

二、创业发展历程

创业成功不是一蹴而就，而是经历了很多的选择和挫折，每一个创业者的背后都有一段艰辛的历程。创业是刘金松由来已久的梦想，大一时他跟同学一起创办了“E++ 工作室”，开启了基于互联网平台的“创业梦”。大三那年，他到北京的两家公司实习，都拿到了 offer，大四那年也有机会保研，但他最后还是选择了创业。与他一样，“E++ 工作室”的许多成员都放弃了就业或保研机会，加入了创业的大军，成为卓拙科技的骨干。

刘金松后来感慨：“创业前，团队的成员都很优秀，收到了很多高薪邀请，但是大家放弃了；创业时，有人要收购我们，开出的价位是我们年薪的几百倍，大家也放弃了；创业最艰难时，我们为了产品的未来发展，又放弃了短期盈利的产品——我们一直保持清醒的头脑，明确知道自己想做什么，回过头来再看当初的那些诱惑，会发现都是那么的微不足道。”目前，卓拙科技的核心成员共有 6 人。在严谨的管理制度下，他们各司其职，共同推动卓拙科技在互联网经济中遨游。2015 年，卓拙科技获得了一笔 300 万元的风险投资。刘金松本来是一个“白手起家”的创业者，他告诉那些想创业却为资金担忧的朋友：“钱绝对不可能阻止你创业，唯一能够阻止你的，就是你内心的恐惧。”

卓拙科技创业团队

刘金松在成立卓拙科技之前，在电子科技大学曾推出过“水果巴士”项目。“水果巴士”是卓拙科技开发的“网购水果”平台，在问世不到半年的时间里，用户就已有 2000 多人，并保持快速增长势头，用户回头率也从最初两个月的 35% 跃升至 71%，购买 10 次以上的用户占比超过 20%。当时他们的理念，就是把“水果巴士”做成品质与服务的象征，等市场扩大到一定程度，希望能够为“在线水果”市场制定行业标准。“水果巴士”只是卓拙科技的业务之一。自 2009 年成立，卓拙科技已经为 100 多个国内外客户的 200 余个产品提供了咨询、设计和研发的全流程解决方案，其中包括互联网和移动互联网的战略咨询、产品分析、概念设计、交互设计、视觉设计和技术开发，有效地提升了产品体验和客户品牌价值。除了“水果巴士”，“卓拙科技”的产品名录上，还有促进大学生交友的网络互动平台——“叶儿芽”等多种产品。

在读大学期间，虽然攻读的专业是电子信息工程，但刘金松的生活可以用

“写代码”三个字来概括，每天除了写代码，还是写代码。而这一切对他来说是快乐的、享受的。大一时，刘金松加入了电子科技大学学生记者团自媒体工作室，经过一年的锤炼，他成为工作室的主要负责人。后来他成立了“E++ 工作室”，开始了创业生涯。创业伊始，只有学院提供的一个房间，加上几台陈旧的电脑，尽管条件简陋，但梦想已经启航。“创业嘛，总会遇到事业瓶颈期，那时候有很多骨干人员由于各种原因离开了工作室，工作室不得不重新招人。”他回忆道，“大家花很长时间在一起，彼此磨合，培养默契，才终于创建了一个团结的集体。”这个小集体在刘金松的带领下慢慢成长凝聚，大家有了共同的价值观和奋斗目标。“最让我感动的一件事就是运营总监当时已经拿到了腾讯公司一个薪水不错的 offer，但仍然顶着巨大的家庭压力留在了工作室，选择和大家一起奋斗。没有什么保证，只是对彼此的信任。”他感慨地说。

在工作室期间，那种让梦想自由飞翔的感觉让刘金松放弃了保研资格，他要给自己三年的时间来坚持最初的梦想，全心全意地创业。经过不懈努力，刘金松用六年时间将“E++ 工作室”一步一步发展壮大，创立了成都卓拙科技有限公司。目前，公司有条不紊地运行发展，对于未来，他充满信心。

三、案例分析

埋头钻研专业知识和兴趣所在，将是未来创新创业的宝贵资本之一。在电子科技大学，有这样一群人，从一进校就开始扎根实验室、创新创业中心、工作室，跟着老师以及学长做科研项目，他们每天的生活就是做实验、码代码、测电路、焊板子，在别人看来很枯燥的东西，在他们眼里却可以开出美丽的花朵。正是这些循规蹈矩的生活奠定了这些工科生扎实的理论基础和科创能力，这也正是理工科大学生创业的必备条件，技术永远是第一位的，其余的支撑都是围绕技术创新这个核心运转。刘金松从一进校就开始码代码，加入电子工程学院创新创业中心，参加科创竞赛，造就了他良好的科创能力和水平，同时也锻炼了他沉着、冷静思考的稳重品质。在熟悉技术的基础上，通过对学校市场的敏锐探索，发现市场供需关系，并针对学生需求进行开发实践，最早的“水果巴士”项目就这样应运而生，受到了广大学子的热爱和追捧。

理工科大学生应理性看待创新创业，特别是在现今“互联网 +”的大背景下。刘金松创办的“水果巴士”最后由于各种原因未能生存下去，其中主要是对市场的预判不够准确，功能定位不那么精准。理工科大学生在技术方面的优势并不能弥补其对市场和产品定位把握不准的劣势，如何理性看待创新创业机遇，在掌握先进技术的同时敏锐地把握当今市场是理工科大学生创新创业需要思考的问题。

电子科技大学的创业学生团队都曾受益于学校良好的创新创业氛围以及大力的政策支持。如，学院创新创业中心推崇技术与创新动手能力的氛围，锻炼了创客们扎实的技术和创新能力；学校创新创业中心为学生工作室免费提供场地用以创业发展，并引进投资公司前来合作，邀请商界成功人士开展讲座交流等，这些不仅从内部给予了激励和帮助，还从外部进行政策支持和环境营造，内外兼具推动着学生走向创新创业的舞台。

案例十　科技竞赛启迪创业梦，以实践助推创业成功

一、创业概况

成立于 2014 年 3 月的电子科技大学某创业团队，其 9 名核心成员均来自于电子科技大学 2012 届校机器人队，其中包括 2 名在读博士、7 名在读硕士，分别就读于电子科技大学、香港科技大学、北京大学、上海交通大学以及中国科学院大学。小彬作为团队负责人，主要负责团队运营管理和项目规划，在技术方面负责结构造型设计和仿真分析。团队成立至今，已拥有两项自主研发项目，包括一体式高精度伺服驱动系统和智能双足仿人教育机器人平台。同时，该团队同某学院合作研发的水下主力外骨骼系统（总装项目），项目一期于 2015 年 7 月验收合格。另外，他们也在积极筹备应用于康复领域的可穿戴设备的项目合作。

其间，小彬带领团队成功申请了 2 项“中央高校基本科研业务经费”（3.5 万元），1 项四川省“大数据与智慧信息系统协同创新中心智慧城市创新开放基金”（学生重点项目 3 万元）以及 1 项四川省“苗子工程”学生重点基金（10 万元）。同时，他们正在申请 2 项基于团队核心技术的发明专利。

二、创业发展历程

（一）创业萌芽于科技竞赛，能力提高在日常积累

小彬，电子科技大学某创业团队主要负责人，大学期间，凭借优异的学习成绩多次获得国家奖学金。通过参加全国大学生机械创新大赛、亚太机器人方

案征集大赛和各类机械创新仿真大赛、无线电子设计大赛、巡线机器人大赛等科技比赛，在经历层层选拔之后，小彬成为校机器人队的成员。

在校机器人队里，作为自动机器人组长的小彬不仅掌握了很多专业技能，更收获了友谊。在经历了一年的艰苦备战之后，小彬和他的队友们一路披荆斩棘，先后获得2012年“亚太大学生机器人大赛”国内赛冠军和国际总冠军，为国家和学校争得了荣誉。当身披国旗站上最高领奖台的时候，除了那份来之不易的荣耀，他的心中更多了一份责任。他坦言：“在与其他国家的机器人队比赛和交流的过程中，我感到中国大学生虽然在这一赛事上一直有着不错的成绩，但是放眼传统制造业和机器人行业，我们却一直落后于他国。”正是在那个时候，小彬在心里悄悄埋下了一颗创业的种子。

离开校机器人队后，小彬和队友多次交流了内心的想法，大家都割舍不下机器人，想继续在机器人方面进行更多的探索。随后，在学校的大力支持及队友们的鼓励和陪伴下，2014年初创业团队正式成立，小彬担任主要负责人。这群“智慧青年”团结协作，很快在团队运营管理和项目规划上走上正轨，而技术是他们的核心优势，无论结构造型设计、仿真分析，还是软硬件设计、智能控制、信号处理、市场分析调研等工作，他们都能迅速达成默契进行团队运作。

（二）团队组建历破困难，继续“征战”赢投资

团队组建起来了，但要实现从0到1的突破并不容易。组建初期，最大的问题莫过于地域的困扰。团队计划立足于成都发展，但成员们分散在成都、北京、上海和香港，沟通和交流起来难免产生不便。凭借着彼此之间的熟悉和默契，团队保持了极强的凝聚力，成员们合理安排工作，开展远程协助，加之自身参与创业的积极性高、责任感强，在不同大学深造的难题反而为校际之间的信息和技术交流创造了有利条件，为创业打开了国际视野。

为了弥补当初比赛时总是使用国外产品留下的遗憾，机器人队出身的团队成员们很快就选择伺服驱动技术作为创业方向。团队另一名主要负责人小丽说：“国内这方面的技术相对缺乏，我们拥有很大的发展机遇。”伺服驱动技术作为数控机床、工业机器人及其他产业机械控制的关键技术之一，在国内外受到普遍关注。同时，伺服驱动器也是机器人运行过程中必不可少的核心部件。团队成员过去也是伺服驱动器的用户，但国外生产的伺服驱动器价格昂贵，国内产品又精度不高。于是，大家开始钻研伺服驱动技术，准备研制出中国人自己的高精度伺服驱动系统。

公司成立仅 4 个月后，他们通过不断尝试、探索，完成了第一版一体化伺服驱动系统的硬件设计和程序测试。这套系统由伺服驱动器和电机两个部分组成。让团队成员自豪的是，系统拥有紧凑的一体化结构设计，安装空间小，具备优秀的控制性能、参数自整定功能和错误诊断能力，能保证产品的高可靠性，这些成了产品强有力的竞争优势，可以应用于机器人设计、医疗康复设施、3D 打印平台、数控自动控制技术、武器装备、车载稳定系统、高端电子设备等领域，贯穿于工业制造及日常生活各个方面。目前，团队正在紧锣密鼓地设计与研发兼顾控制性能与结构紧凑性的第二版一体化伺服驱动系统，并即将推出成品。

（三）学校大力支持，助力创业走向更大舞台

研发期间，团队在学校的大力支持下，成功申请到多项经费或基金支持，并正在申请 2 项核心技术发明专利。

为了进一步完善产品，团队成员带着产品先后参加了多个科技创业类比赛，斩获 2015 年“中国西部创星计划年度总决赛”金奖，首届中国“互联网+”大学生创新创业大赛四川省一等奖，2015 年“华为杯”第十届中国研究生电子设计竞赛技术组国家三等奖和商业计划书组国家一等奖等荣誉。

带着产品转战各处后，团队已累计获得 10 多家创投机构的投资意向，赢得了许多公司的合作订单，同时受到社会媒体的关注。值得一提的是，在 2015 年第四届中国大学生创新创业大赛中，团队从四川赛区 300 家企业和团队的激烈角逐中脱颖而出，以四川赛区先进制造行业第一名的身份晋级全国总决赛。更令团队激动不已的是，为他们颁奖的是四川省省长。小彬说：“从省长手中接过奖杯和奖状的时候，我们切身地感受到了四川省政府对大学生创新创业团队的重视与鼓励，也想起了团队在发展过程中获得的来自学校各个部门和电子科技大学创业协同育成中心提供的各种资源及创业指导。我们更加坚定了留在成都创业的决心。”

目前，团队的成员们希望抓紧时间，利用好现有的资源，成立自己的公司。而团队的“一体化高精度伺服驱动系统”和“教育机器人”两大自主研发项目将在多项基金的扶持下继续深入研发，并做好相应的推广工作，力争尽快进入短期目标规划中的川渝地区市场。放眼未来，成员们希望打造出属于自己的机器人品牌，在实现团队梦想的同时，也为国内机器人事业的发展贡献智慧和力量。

三、案例分析

理工科大学生创业，通过参加科技竞赛提升核心技术水平是一条捷径。企业、研究所、高校是高精尖技术的主要发源地，而技术创新就是理工科大学创新创业的主战场。科技竞赛可以作为理工科大学生技术创新的主阵地，理工科大学生更易发现技术落后的领域，并结合自身的专业知识和技术能力，以市场机遇和用户需求为落脚点共同推进创业点的挖掘。该团队从准备参赛、层层选拔到比赛夺金，不仅在科技竞赛中提升了自身的动脑和动手能力，调动一切资源解决比赛中出现的各种技术问题的能力，而且在团队不断的配合和实践中，为了共同的理想和愿望一致努力，他们收获了“同道中人”，为创业团队的发展提供了良好的基础条件。

理工科大学生创业，可以通过参加科技竞赛获得创业资本。他们认为在创业初期，资金、影响力等的缺乏可以通过参加科技竞赛来弥补，这是创业初期打造品牌、吸引投资的良好解决方式。团队通过不断参加各类科技竞赛获得优异的成绩，在市场上打造自己的名声和品牌效应，利用比赛的宣传来扩大团队的知名度，以便获得政府和企业的资金支持，为创业提供资金保障。同时，团队还可以在科技竞赛中获得技术提升和新的问题解决方法，不断创新。

小彬创新创业团队的成功，在于以敏锐的触觉在科技竞赛中获得想法、成员和共同理想，同时紧抓市场经济的脉搏和用户需求，合理规划，创新科技。在创新思想不断萌发的理工科大学，可以吸取经验，鼓励更多的大学生通过参加科技竞赛培养其创业思维和创业能力，助推大学生创业创新。

附　录